Aufsatz
Erzählen – Beschreibung – Bericht

2., aktualisierte Auflage

5./6.
Klasse

Dudenverlag
Berlin

Die Rechtschreibung in diesem Buch folgt im Falle von Schreibvarianten den Empfehlungen von Duden – Die deutsche Rechtschreibung.

Beratungsangebot für Eltern und Lehrer (kostenpflichtig):
Die Duden-Sprachberatung beantwortet Ihre Fragen zu Rechtschreibung, Grammatik, Zeichensetzung u. Ä.
montags bis freitags zwischen 09:00 und 17:00 Uhr.
Aus Deutschland: **09001 870098** (1,99 € pro Minute aus dem Festnetz)
Aus Österreich: **0900 844144** (1,80 € pro Minute aus dem Festnetz)
Aus der Schweiz: **0900 383360** (3,13 CHF pro Minute aus dem Festnetz)
Die Tarife für Anrufe aus den Mobilfunknetzen können davon abweichen.
Den kostenlosen Newsletter der Duden-Sprachberatung können Sie unter www.duden.de/newsletter abonnieren.

Bibliografische Information der Deutschen Nationalbibliothek
Die Deutsche Nationalbibliothek verzeichnet diese Publikation in der Deutschen Nationalbibliografie; detaillierte bibliografische Daten sind im Internet über http://dnb.d-nb.de abrufbar.

© Duden 2014   D C B A
Bibliographisches Institut GmbH
Mecklenburgische Straße 53, 14197 Berlin

Redaktionelle Leitung Constanze Schöder
Redaktion Dr. Anja Steinhauer
Autorin Elke Spitznagel

Herstellung Maike Häßler
Layout Horst Bachmann
Illustration Carmen Strzelecki
Umschlagabbildung Fotolia, Monkey Business

Satz Bibliographisches Institut GmbH
Druck und Bindung Heenemann GmbH & Co. KG
Bessemerstraße 83–91, 12103 Berlin
Printed in Germany

ISBN 978-3-411-74602-6

Inhaltsverzeichnis

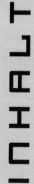

Abschlusstest

Lösungen

INHALT

Erzählen

1.1 Grundlagen

Beim **Erzählen** stellt man ein wirkliches oder erfundenes Ereignis **unterhaltsam** dar. Zu den erzählenden Aufsätzen gehören

- die Nacherzählung,
- die Bildergeschichte,
- das Erzählen mit Vorgaben,
- die Erlebniserzählung sowie
- die Traum- und Fantasiegeschichte.

Erzählung – Märchen – Kurzgeschichte
Bilderfolge – einzelnes Bild
Reizwörter – Erzählanfang – Erzählkern
wirkliches oder mögliches Erlebnis
in der Wirklichkeit nicht mögliches Ereignis

Jeder erzählende Text setzt sich aus Einleitung, Hauptteil und Schluss zusammen:

- Die **Einleitung** führt den Leser in das Geschehen ein und soll zum Weiterlesen anregen. Darin wird knapp die Ausgangssituation vorgestellt: **Wer** ist beteiligt? **Wann und wo** spielt die Geschichte? **Worum geht es?** Achte darauf, dass deine Einleitung nicht langatmig wird!

Wer? – Daniel, Jonas und Alina
Wann und wo? – Ferienzeltlager auf der Schwäbischen Alb
Worum geht es? – Kinder entdecken eine Höhle und beschließen, sie zu erkunden.

- Der **Hauptteil** enthält die eigentliche Erzählung. In mehreren Erzählschritten stellt man das Ereignis anschaulich dar, wobei die Spannung immer weiter bis zum **Höhepunkt** gesteigert wird. Der Höhepunkt liegt am Ende des Hauptteils.

Sie besorgen sich Ausrüstung.
Daniel hält am Eingang Wache.
Jonas und Alina gehen in die Höhle.
Sie hören erst Geräusche, dann Schreie.
Angst und Flucht

- Der **Schluss** rundet die Erzählung ab. In wenigen Sätzen löst man die Spannung auf und beendet die Geschichte möglichst treffend. Fasse dich auch hier eher kurz!

Daniel wurde von einer Maus erschreckt.

Den Text gliedert man in **Absätze**
- nach der Einleitung sowie
- nach jedem Erzählschritt.

Die **Erzählzeit** ist in der Regel das **Präteritum** (die Vergangenheit).
Das **Plusquamperfekt** (die Vorvergangenheit) verwendet man, wenn von Dingen die Rede ist, die sich vor dem eigentlichen Geschehen ereignet haben.

Schon nach wenigen Minuten **erreichten** sie den Höhleneingang, den sie am Tag zuvor **entdeckt hatten.**

WISSEN

Man unterscheidet zwei Erzählformen:

■ Bei der **Ich-Form** bist du am Geschehen beteiligt und erzählst dieses aus deiner Sicht.

Obwohl **ich** der Jüngste war, wagte **ich** als Erster einen Schritt hinein. „Nimm das hier!", rief **Alina** und reichte **mir** ...

■ Bei der **Er-/Sie-Form** bist du als Erzähler nicht am Geschehen beteiligt, sondern könntest dieses beobachtet haben.

Obwohl **er** der Jüngste war, wagte **Jonas** als Erster einen Schritt hinein. „Nimm das hier!", rief **Alina** und reichte **ihm** ...

Aufgepasst: Behalte den **Blickwinkel**, aus dem du die Geschichte erzählst, bis zum Schluss bei! Es darf aus dem Er-Erzähler im Laufe der Geschichte kein Ich-Erzähler werden.

Schließlich waren **sie** erleichtert, dass es nur eine kleine Maus war ...

Jeder Aufsatz sollte **sprachlich abwechslungsreich** geschrieben sein:

■ Vermeide Wortwiederholungen!

■ Verwende unterschiedliche Satzanfänge und Satzgefüge (Hauptsatz, Nebensatz)!

Freund – Kumpel – Kamerad – Begleiter

zu Beginn – kurze Zeit danach – plötzlich

Sie kramte in ihrer Tasche. Ich holte ein Seil. → *Besser:* Während sie in ihrer Tasche kramte, holte ich ein Seil.

Eine Erzählung ist unterhaltsam und interessant, wenn sie **anschaulich und lebendig** gestaltet ist:

■ Vor allem durch **wörtliche Rede** und die Darstellung von **Gedanken, Gefühlen und Stimmungen** werden die Personen oder Figuren lebendig. Diese Elemente dürfen in deiner Erzählung keinesfalls fehlen!

Jonas lief ein Schauer über den Rücken. Die Sache wurde langsam unheimlich. „Vielleicht sollten wir besser umkehren", flüsterte er Alina zu.

■ Benutze **treffende Adjektive, Partizipien und Verben.** Je genauer du dir die handelnde Person bzw. Figur, den Ort und den erzählten Vorgang vorstellst, desto leichter findest du die passenden Worte.

mutig: entschlossen – furchtlos – kühn – tapfer – gewagt – nicht feige – beherzt – wagemutig – waghalsig – unerschrocken – draufgängerisch – heldenhaft – riskant

■ Situationen oder Stimmungen lassen sich auch mit **sprachlichen Bildern** und **Vergleichen** wiedergeben.

Er wusste weder ein noch aus. Sie wurde kreidebleich.

Der **Höhepunkt** sollte nicht nur inhaltlich, sondern auch **sprachlich spannend** ausgestaltet sein, indem man zum Beispiel

■ **Ausrufe** verwendet;

■ **Fragen** formuliert, die unterstreichen, wie unglaublich das Geschehen ist;

■ an der entscheidenden Stelle in **kurzen Sätzen** schreibt;

■ **lautmalerische Wörter** gebraucht, also Wörter, die Laute oder Geräusche „nachahmen".

„Oh nein!" – „Verflixt!"

Doch was war das? – Wie konnte denn das passieren?

Plötzlich krachte es. Ein Schrei. Dann war Stille.

zischen – japsen

Rums! – Pfft!

ÜBUNG 1   Lies die Aussagen und kreuze an: richtig oder falsch?

	richtig	falsch
1. Eine gute Einleitung besteht aus fünf Sätzen.	☐	☐
2. Die Einleitung soll das Interesse des Lesers wecken.	☐	☐
3. In der Einleitung nennst du die beteiligten Personen.	☐	☐
4. In der Einleitung beschreibst du knapp den Ausgang der Geschichte.	☐	☐
5. Den Höhepunkt legst du an den Anfang des Hauptteils.	☐	☐
6. Im Hauptteil steigerst du die Spannung allmählich.	☐	☐
7. Den Höhepunkt gestaltest du aus, indem du erzählst, was die Personen sehen, sagen, denken und fühlen.	☐	☐
8. Im Schluss löst du die Spannung auf.	☐	☐
9. Im Schluss erklärst du alle Einzelheiten und Hintergründe des erzählten Geschehens.	☐	☐
10. Du erzählst die Geschichte in der richtigen zeitlichen Reihenfolge.	☐	☐
11. Du gliederst deine Erzählung durch Absätze.	☐	☐
12. Absätze dienen nur dazu, die Einleitung, den Hauptteil und den Schluss voneinander abzugrenzen.	☐	☐

ÜBUNG 2   Lies die ersten Sätze aus dem Aufsatz von Niklas. Fällt dir etwas auf? Markiere die Fehler und korrigiere sie am Rand.

Eines Tages trafen sich zwei Ziegenböcke an einem

reißenden Bach, über den ein schmaler Steg führt.

„Geh mir aus dem Weg!", ruft die erste Ziege und

senkt drohend ihre Hörner.

„Was glaubst du, wen du vor dir hast?", schnaubt die

zweite Ziege wütend und setzte zum Angriff an.

ÜBEN

ÜBUNG 3 Anschaulich und abwechslungsreich zu erzählen bedeutet, dass du treffende Verben, Adjektive und Substantive verwendest. Erarbeite Wortfelder zu den folgenden „Allerweltswörtern".

sagen	denken	gehen
erklären		

lustig	klein	Haus

 ÜBUNG 4 Vermeide Wortwiederholungen und füge in jede Lücke ein anderes, möglichst anschauliches Adjektiv für *schön* ein.

1. Ihre Mutter überraschte sie mit einer   Geburtstagstorte.

2. Er besaß ein   Pferd und einen zerzausten Kater.

3. Im Schloss besichtigten wir viele   Säle.

4. Nach zwei Stunden erreichten sie eine   Bucht.

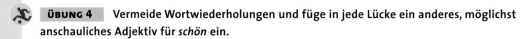

ÜBUNG 5 Wenn du verstärkte, bildhafte Adjektive gebrauchst, wirkt deine Erzählung lebendiger. Finde zu jedem Adjektiv eine interessanter klingende Form.

1. hübsch   bildhübsch
2. schnell
3. leicht
4. grün
5. müde
6. kalt
7. dunkel
8. nass
9. hart
10. weich

ÜBUNG 6 Auch mit Vergleichen kannst du beim Leser Bilder erzeugen. Doch was stimmt hier nicht? Streiche falsche Wörter durch und verbessere sie.

1. Das Kind war stur wie ein Fuchs.

2. Sie benahm sich wie ein Fink im Porzellanladen.

3. Er heulte wie eine Hauskatze.

4. Lea redete wie ein Springbrunnen.

5. Meine Beine waren schwer wie Steine.

6. Plötzlich waren alle wie vom Bildschirm verschluckt.

ÜBUNG 7 Verbinde die Wörter zu anschaulichen Wendungen.

keinen	Auge	anhalten
sich mächtig	den Atem	biegen
sich vor	die Länge	zusammennehmen
allen	Mut	krumm machen
kein	Finger	legen
vor Schreck	ins Zeug	ziehen
in	lauter Lachen	zumachen

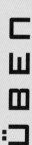

ÜBUNG 8   Die Darstellung von Gefühlen trägt wesentlich dazu bei, dass dein Text anschaulich wirkt. Welche eher guten bzw. eher schlechten Gefühle fallen dir ein?

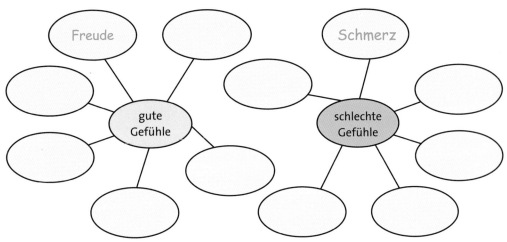

ÜBUNG 9   Erweitere die Sätze und schreibe sie um: Was fühlen die Personen? Wähle passende Bezeichnungen aus dem Wortspeicher aus.

aufgeregt sein – enttäuscht sein – sich freuen – genervt sein

1. Sarah war auf eine große Party eingeladen.

2. Leonie hatte über eine Stunde auf ihre Freundin gewartet.

3. Paul nahm zum ersten Mal an einem Stadtlauf teil.

4. Niklas stellte fest, dass seine Mannschaft Tabellenletzter war.

ÜBUNG 10 In Übung 9 hast du die Gefühle von vier Personen benannt, doch lebendiger wird dein Text, wenn du wörtliche Rede verwendest. Was könnten die vier in der jeweiligen Situation sagen? Ordne die Sprechblasen zu, indem du sie mit Namen beschriftest.

> Bald ist auch noch die Saison zu Ende, da ist nicht mehr viel zu retten.

> Eigentlich habe ich ja genug trainiert. Ob ich das wirklich schaffe?

> Hoffentlich hast du eine gute Entschuldigung!

> Das wird bestimmt ein ganz toller Abend!

ÜBUNG 11 Vergleiche die Texte: Lukas und Hannes erzählen von derselben Situation. Schreibe in dein Übungsheft, warum der Text von Hannes lebendiger und spannender ist als der von Lukas.

Lukas:
Paul saß mit seinem Vater im Auto. Sie fuhren in der Dämmerung am Waldrand entlang. Dabei hörten sie Radio.
Da sah Paul plötzlich, wie ein Reh über die Straße sprang. Paul schrie und der Vater bremste sofort. Die Reifen quietschten. Der Wagen kam noch rechtzeitig zum Stehen. Das Reh verschwand im Dickicht. Paul atmete erleichtert auf.

Hannes:
Es dämmerte schon, als Paul und sein Vater mit dem Auto am Waldrand entlangfuhren. Paul wippte ein wenig zur Musik, die im Radio gespielt wurde, und schaute aus dem Fenster.
Doch was war das? „Achtung! Halt!", schrie Paul plötzlich auf. Erschrocken stieg der Vater sofort auf die Bremse. Die Reifen quietschten entsetzlich. Mit einem heftigen Ruck kam der Wagen zum Stehen. Das Herz klopfte Paul bis zum Hals. Sie sahen, wie das Reh, das über die Straße gesprungen war, im Dickicht verschwand.
„Das ist ja gerade noch einmal gut gegangen!", stieß Paul erleichtert aus.

ÜBEN

ÜBUNG 12 Marie erzählt von einem Spieleabend. Leider ist ihr Text weniger gut gelungen, denn er enthält Wortwiederholungen und monotone Satzanfänge. Markiere die Stellen, die sie verbessern sollte, und mach dir Notizen am Rand. Schreibe anschließend deine korrigierte Fassung in dein Übungsheft. Achte dabei auf die Erzählzeit und denke daran, an geeigneter Stelle Absätze einzufügen!

> Gestern Abend haben wir „Das Nilpferd auf der Achterbahn" gespielt. Da bekam meine Schwester die Aufgabe, rückwärts auf einem Bein um den Tisch zu hüpfen. Dann bekam mein Vater die Aufgabe, gurgelnd ein Lied zu singen, das wir erraten mussten. Mein Vater hat das Lied „Hänschen klein" gesungen. Wir haben aus vollem Halse gelacht. Dann bekam ich die Aufgabe, fünf Begriffe, die mit C anfangen, zu nennen. Wir haben alle zusammen geraten. Wir haben gegen 22 Uhr aufgehört zu spielen. Wir sind todmüde in unsere Betten gefallen.

 ÜBUNG 13 Stelle dir die folgende Situation genau vor und gestalte sie lebendig aus. Benutze dazu anschauliche und treffende Wörter, verändere die Reihenfolge der Sätze und füge an geeigneter Stelle wörtliche Rede ein. Du darfst auch Einzelheiten hinzuerfinden.

> Sarah wünschte sich schon lange ein Trampolin. Zum Geburtstag überraschten ihre Eltern sie damit. Sarah sah das Geschenk, als sie nach dem Aufstehen den Rollladen hochzog. Sie freute sich sehr.

1.2 Nacherzählung

In einer Nacherzählung geht es darum, die **Handlung** einer Geschichte möglichst **genau wiederzugeben.** Der Text, den du nacherzählen sollst, wird dir entweder vorgelesen oder ausgehändigt.

Erzählung
Kurzgeschichte
Märchen
Fabel
Schwank

Um eine Geschichte gut nacherzählen zu können, hörst du aufmerksam zu bzw. liest sie gründlich durch. Mach dir Notizen
▨ zu den **Personen:** Wer ist am Geschehen beteiligt?
▨ zu **Handlungsort** und **-zeit:** Wo und wann ereignet es sich?
▨ zum **Inhalt:** Was passiert in der Geschichte?
▨ zu den **einzelnen Handlungsschritten:** Wie geschieht es genau und warum?

Der Froschkönig

Prinzessin – Frosch – König – Diener (der eiserne Heinrich)
Schlossgarten – Schloss
Nachmittag – Abend
Prinzessin verliert goldene Kugel – Frosch bringt sie zurück, fordert seine Belohnung
Prinzessin spielt im Garten – Ihre goldene Kugel fällt in den Brunnen – …

Die wichtigsten Regeln fürs Nacherzählen:
▨ Die Nacherzählung ist zwar oft kürzer als die Vorlage, doch sie enthält **alle wichtigen Einzelheiten.**
▨ Der **Ablauf** der Handlung darf nicht verändert werden!
▨ Alle Handlungsschritte werden in der **gleichen Reihenfolge** wie in der Vorlage und **inhaltlich richtig** wiedergegeben.
▨ Du erzählst **mit eigenen Worten** nach und schreibst nicht von der Vorlage ab. Nur Schlüsselwörter und Schlüsselsätze dürfen übernommen werden.
▨ Die Nacherzählung steht in **derselben Zeitform** wie die Vorlage, in der Regel also im Präteritum (Vergangenheit).

Handlungsablauf:
Der Frosch hatte Mitleid mit der weinenden Prinzessin. Er bot ihr an, die goldene Kugel aus dem Brunnen zu holen, forderte dafür jedoch von ihr eine Gegenleistung …

Vorlage:
Als sie aber im Bette lag, kam er gekrochen und sprach: „Ich will schlafen so gut wie du. Heb mich hinauf, oder ich sags deinem Vater!"
Nacherzählung:
Als sich die Prinzessin schlafen legte, drohte der Frosch erneut, sie bei ihrem Vater zu verraten, wenn er nicht zu ihr ins Bett dürfe.

Dein Text soll so **anschaulich und spannend** sein wie die Vorlage. Um deine Nacherzählung unterhaltsam zu gestalten,
▨ verwendest du **wörtliche Rede;**
▨ versetzt du dich in das **Denken und Fühlen** der Personen;
▨ schmückst du den **Höhepunkt** aus und steigerst dabei die **Spannung.**
Lies dir dazu die Grundlagen des Erzählens (↑ Kap. 1.1) noch einmal genau durch.

„Gib endlich Ruhe, du garstiger Frosch!", rief die Prinzessin voller Wut. Sie packte ihn, und mit einem lauten Platsch prallte der Frosch gegen die Wand. Doch was war nun geschehen?

WISSEN

ÜBUNG 14 Lies den folgenden Auszug aus dem Buch „Der Tag, als ich lernte die Spinnen zu zähmen" von Jutta Richter aufmerksam durch.

Sie saß ganz hinten im Keller auf dem alten Bettgestell neben Papas Bierkasten. Und sie saß da immer.

Die Großen sagten: „Stell dich nicht so an!", oder sie meinten: „Du mit deiner Fantasie!"

5 Meine Großmutter meinte, das käme vom vielen Lesen. „Das Kind verdirbt sich noch mal die Augen."

Und mein Vater lachte und sagte: „Krause Haare, krauser Sinn."

Aber die Kellerkatze saß auf dem alten Bettgestell und funkelte mich mit ihren Glühaugen an, wenn ich zwei Flaschen Bier holen musste.

10 Niemand außer mir konnte sie sehen, und doch war sie da.

Und ich fürchtete mich, und ich wollte nie mehr in den Keller gehen, und meine Mutter sagte, ich wäre zu faul, bequem und faul.

„Nicht mal Kartoffeln holen will das Kind. Es ist eine Katastrophe mit ihr."

„Komm doch mit!", bettelte ich. „Nur einmal."

15 „Also gut", sagte meine Mutter, „obwohl, da gehe ich schon wieder selbst, und es ist trotzdem deine Aufgabe ..."

Aber sie kam mit. Sie ging vor mir her, öffnete die Eisentür, hinter der die steile Eisentreppe hinabführte, und knipste das Licht an. Die Glühbirne mit dem Draht- gitter drum herum leuchtete nur schwach. Es lagen zu viele tote Fliegen in der

20 Glasschale.

Meine Mutter schob mich nach vorn.

„Also, wo sitzt deine Kellerkatze?", fragte sie ärgerlich. „Zeig sie mir, und wehe, du hast gelogen ..."

Ich kniff die Augen zusammen. Ich wollte gar nicht hingucken. Ich merkte, wie

25 meine Hände feucht wurden, und mein Herz klopfte gegen das Summen der Umwälzpumpe.

„Da!", sagte ich und zeigte auf das alte Bettgestell. „Da sitzt sie immer!"

„Nichts sitzt da!", sagte meine Mutter. „Absolut nichts!"

Sie machte drei Schritte nach vorn. Die Kellerkatze fauchte.

30 „Pass auf, Mama!", wollte ich rufen, doch es kam kein Ton über meine Lippen. Ich war wie gelähmt. Stumm vor Entsetzen.

Die Kellerkatze sträubte das Fell. Sie sah plötzlich doppelt so groß aus. Ein Panther war ein Schoßkätzchen gegen sie. Sie machte einen Buckel. Ihr Schwanz peitschte drohend hin und her.

35 Meine Mutter stand jetzt genau vor ihr und wollte mit der Hand auf das Bettge- stell klopfen. Sie hätte die Kellerkatze geschlagen, wenn es nicht plötzlich „pitsch" gemacht hätte, und dann war es stockfinster.

Ich schrie auf, weil ich fürchtete, die Kellerkatze würde meine Mutter anspringen. Dann wäre alles zu spät gewesen. Nie im Leben hätte ich meiner Mutter helfen

40 können. Ich war ja nur ein Kind.

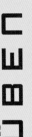

„Sei still", sagte Mama und nahm meine Hand. „Sei ganz ruhig, das war nur die Sicherung!"
Und dann führte sie mich langsam sie Kellertreppe hoch, öffnete die schwere Eisentür, und es war wieder hell.

45 „Du bist wirklich ein kleiner Angsthase", sagte sie und drückte mich. „Es gibt keine Kellerkatzen, und es wird nie welche geben."
Aber das stimmte nicht.

(Aus: Jutta Richter, Der Tag, als ich lernte die Spinnen zu zähmen
© Carl Hanser Verlag München 2000)

ÜBUNG 15 Beantworte die Fragen zum Text aus Übung 14.

1. Warum soll das Kind in den Keller gehen?

2. Warum will das Kind nicht in den Keller gehen?

3. Gibt es diese Kellerkatze wirklich?

4. Was ist mit „Glühaugen" gemeint (Zeile 9)?

5. Weshalb will das Kind, dass die Mutter es begleitet?

6. Sehen sie die Kellerkatze, als sie zusammen im Keller sind?

7. Was passiert im spannendsten Moment?

ÜBEN

ÜBUNG 16 Betrachte nun den Leser.

1. Warum ist die Geschichte für den Leser interessant und spannend?

2. Wie ist der Schluss? Erfährt der Leser, was hinter der Kellerkatze steckt?

ÜBUNG 17 Wie drückt sich die wachsende Furcht des Kindes aus? Markiere die entsprechenden Textstellen farbig. Sammle anschließend weitere anschauliche Ausdrücke zu *Angst haben / Angst bekommen* in deinem Übungsheft.

ÜBUNG 18 Lies die Geschichte aus Übung 14 noch einmal durch. Schreibe dann die einzelnen Handlungsschritte untereinander in dein Übungsheft.

ÜBUNG 19 Schreibe die Nacherzählung der Geschichte in dein Übungsheft. Behalte den Blickwinkel des Kindes und die Ich-Form bei. Lass das Buch dabei zugeschlagen und orientiere dich an dem, was du in den vorangehenden Übungen erarbeitet hast. Achte darauf, dass du den Ablauf der Handlung nicht veränderst, aber dennoch mit eigenen Worten und genauso spannend wie in der Vorlage erzählst.

WISSEN

Nacherzählung mit Zusatzaufgabe

Die Aufgabenstellung bei einer Nacherzählung kann auch beinhalten, dass du einen Text aus der Sicht einer anderen Person erzählen sollst. Hier musst du dich genau in die Person und in den veränderten Blickwinkel hineindenken!

Erzähle die Geschichte aus der Sicht des jüngeren Bruders, der den beiden heimlich in den Keller gefolgt ist.
→ Was denkt er über die Kellerkatze?
→ Was kann er gesehen haben?
→ Was tut er, als das Licht ausfällt?

1.3 Bildergeschichte

Wenn du eine Bildergeschichte schreibst, ist die Vorgabe meist eine **Bilderfolge**, manchmal auch nur **ein Bild**. Du fasst dabei das, was du siehst, selbst in Worte.

Eine **Bilderfolge** veranschaulicht die wichtigsten Abschnitte der Geschichte.
Der erste Schritt besteht darin, dass man sich die Bilder **genau ansieht**. Lass dich also nicht von deinen ersten Eindrücken leiten, sondern mach dir in Ruhe **Notizen**:
■ Was ist auf jedem einzelnen Bild zu sehen?
■ Wer sind die handelnden Personen?
■ Was tun die Personen? Beachte besonders die Mimik und die Gestik.

Bild 1   Bild 2

Danach überlegt man, wie die **Bildaussagen** miteinander in **Beziehung** stehen:
■ Wie ergibt sich aus den Bildern eine Geschichte?
■ Worauf kommt es in der Geschichte an? Welche Einzelheiten sind wichtig?
■ Welches ist der **Höhepunkt**, den du besonders ausgestaltest? Die Spannung wird auf diesen Punkt hin gesteigert.
Achtung: Sieh dir die Aufgabenstellung genau an: Musst du die richtige Reihenfolge der einzelnen Bilder oder den Ausgang der Geschichte selbst herausfinden?

Bild 1:
Das Mädchen sitzt auf der Bettkante.
Es gähnt und streckt sich.

Bild 2:
Das Mädchen sitzt am Frühstückstisch und isst.
Es sieht fröhlich aus.

Zusammenhang:
Das Mädchen steht am Morgen auf.
Es zieht sich an und frühstückt.

Als Nächstes werden die einzelnen **Erzählschritte** in der richtigen **Reihenfolge** und in kurzen Sätzen notiert. Dabei **ergänzt** du auch das, was vielleicht noch „zwischen den Bildern" passiert ist.

1. Das Mädchen wacht morgens auf.
2. Es zieht sich an.
3. Das Mädchen setzt sich alleine an den Tisch und frühstückt.

Nun **formuliert** man den Aufsatz aus:
■ Das Geschehen soll **anschaulich, lebendig** und, falls möglich, **spannend** dargestellt werden. Achte dabei auf eine **abwechslungsreiche** sprachliche Gestaltung! (↑ Kap. 1.1)
■ Der Aufsatz sollte sinnvoll gegliedert sein: zu jedem **Bild** ein neuer **Absatz!**

Als Lilli am Sonntagmorgen aufwachte, war es völlig still im Haus. „Mama, Papa, wo seid ihr?", rief sie, doch sie bekam keine Antwort.
Schnell zog sie sich an und ging in die Küche. Niemand da. Sie hatte das ganze Haus für sich allein. Vergnügt setzte sich Lilli an den Frühstückstisch und ...

WISSEN

ÜBUNG 20 Sieh dir die Bilder ganz genau an und notiere zu jedem einzelnen Bild in Stichworten, was du siehst: Wer? – Was? – Wo?

ÜBUNG 21   Die Bilder müssen nun in die richtige Reihenfolge gebracht werden. In welchem Zusammenhang stehen sie? Nummeriere sie auf S. 18 von 1 bis 6.

ÜBUNG 22   Beantworte die Fragen.

1. Was gehört zur **Einleitung,** in der die Personen und die Ausgangssituation vorgestellt werden? → Bild   und Bild

2. Was gehört zum **Hauptteil,** in dem Spannung aufgebaut und die Geschichte zum Höhepunkt geführt wird? → Bild   , Bild   und Bild

3. Was gehört zum **Schluss,** in dem die Spannung aufgelöst und die Geschichte abgerundet wird? → Bild

ÜBUNG 23   Schreibe nun die einzelnen Erzählschritte untereinander in dein Übungsheft. Ergänze dabei auch, was zwischen den Bildern geschieht.

ÜBUNG 24   Den Hauptteil gestaltest du mit Gedanken und Gefühlen sowie wörtlicher Rede besonders anschaulich aus. Sieh dir die folgenden Ideen an: Streiche die Sätze durch, die ungeeignet sind. Ordne die passenden Sätze den Bildern 3, 4 und 5 zu.

1. „Jetzt haben wir schon überall gesucht!"   → Bild

2. „Hoffentlich finden wir ihn wieder!"   → Bild

3. „Endlich, da kommt die Polizei!"   → Bild

4. Plötzlich bekam ich einen Schrecken.   → Bild

5. „Wo ist Bello?"   → Bild

6. „Lasst uns in die Kirche gehen!"   → Bild

7. „Bello! Da bist du ja!"   → Bild

8. Ich machte mir große Sorgen.   → Bild

9. Das sah ihm ähnlich!   → Bild

10. Es war zum Verzweifeln!   → Bild

ÜBUNG 25   Erzähle die Bildergeschichte „Wo ist Bello?" aus dem Blickwinkel der Tochter und verwende dabei die Ich-Form. Schreibe in dein Übungsheft.

ÜBEN

ÜBUNG 26 Sieh dir die Bilder zur Geschichte „Max bricht sich das Fußgelenk" genau an und bringe sie in die richtige Reihenfolge. Mach dir zuerst in deinem Übungsheft zu jedem Bild Notizen und stelle Zusammenhänge her. Nummeriere die Bilder dann von 1 bis 6.

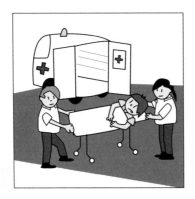

ÜBUNG 27 Erzähle nun die Bildergeschichte aus Übung 26 in der Er-Form. Lege vorher die einzelnen Erzählschritte fest. Überlege dir genau, welchen Teil du besonders ausführlich ausgestaltest. Vergiss am Schluss nicht, eine passende Überschrift zu finden! Schreibe in dein Übungsheft.

ÜBEN

1.4 Ausgestalten einer Vorlage

Ein **Erzählkern** gibt eine Handlung kurz und sachlich wieder. Er enthält zwar wichtige Einzelheiten, jedoch keine Gedanken oder Gefühle, keine wörtliche Rede, er ist weder spannend noch witzig geschrieben. So wird dieser zu einer unterhaltsamen Erzählung ausgestaltet:
- ▪ Zuerst **liest** man die Vorlage **gründlich**.
- ▪ Man markiert alle **wichtigen Informationen,** denn diese müssen enthalten sein.
- ▪ Der **Inhalt** darf nicht verändert werden.
- ▪ Man notiert die einzelnen **Handlungsschritte** in eigenen Worten und ordnet sie. Wo liegt der **Höhepunkt** der Geschichte?
- ▪ Dann wird der Erzählkern **erweitert** um eine Einleitung und einen Schluss.

Thema: Erzähle den Vorfall aus der Zeitung so, als ob du ihn beobachtet hättest.

Erzählkern (Zeitungsnachricht):
Ein unachtsamer <u>Jogger lief</u> am Sonntag im Schlosspark <u>in eine</u> lang ausgerollte <u>Hundeleine</u>, verstrickte sich darin und <u>stürzte</u>. Dabei <u>riss er die Hundebesitzerin</u> mit <u>zu Boden</u>. Als er ihr wieder auf die Beine <u>helfen wollte, sah der Hund dies als Angriff</u> auf sein Frauchen an und <u>verbiss sich in das Bein</u> des Joggers. <u>Beim Versuch, sich von dem Hund zu befreien</u>, zog sich der Pechvogel eine <u>weitere Verletzung an der Hand</u> zu, da das Tier erneut zuschnappte.

Einen **Erzählanfang** fortzusetzen bedeutet, dass man diesen in mehreren Erzählschritten auf einen spannenden oder witzigen **Höhepunkt** hinführt und ihn mit einem passenden **Schluss** abrundet:
- ▪ **Alle Informationen,** die dem Anfang zu entnehmen sind, werden dazu verwendet.
- ▪ Deine Geschichte muss **zur Vorlage passen:** der Ort, die Zeit, die Personen und die Situation sind bereits festgelegt und dürfen nicht geändert werden.
- ▪ Aus den Vorgaben soll eine **glaubhafte** und **logische** Handlung entwickelt werden: Was wird in der Einleitung angedeutet?
- ▪ Versuche, in deiner Erzählung den vorgegebenen **Schreibstil** weiterzuführen.

Thema: Erzähle die Geschichte weiter.

„Du musst tanken!", hatte meine Mutter bereits dreimal eindringlich gesagt, aber mein Vater war an mehreren Tankstellen vorbeigefahren. Er hatte mit Mühe zwei Sportwagen überholt und wollte seine Spitzenposition nicht mehr aufgeben ...

Auto – Familie – Vater fährt Wettrennen – Tank fast leer

Das Auto bleibt stehen.

„Papa, der Zeiger steht ja schon auf null!" Ich deutete aufgeregt auf die Tankuhr ...

Bei einer **Reizwortgeschichte** werden mehrere vorgegebene Wörter zu einer schlüssigen Erzählung verknüpft:
- ▪ Man verwendet **alle Reizwörter** und übernimmt sie **wörtlich**. Prüfe, ob du die Reihenfolge der Begriffe verändern darfst.
- ▪ Zuerst kombiniert man die Wörter, die sich am leichtesten in einen **logischen Zusammenhang** bringen lassen. So hat man eine grobe Handlung und kann die anderen Wörter leichter einbauen.

Thema: Schreibe eine Erzählung mit der Überschrift **„Die Ausrede"** und verwende dabei die Reizwörter:
Klassenarbeit – Meerschweinchen – Einfangen

am Montagmorgen – <u>Meerschweinchen</u> bricht aus – Schwierigkeiten beim <u>Einfangen</u> – Anlocken mit Lieblingsfutter – Verspätung bei <u>Klassenarbeit</u> – Lehrerin hält Geschichte für eine <u>Ausrede</u>

ÜBUNG 28 Der folgende Zeitungsartikel dient als Erzählkern und soll zu einer unterhaltsamen Geschichte ausgestaltet werden. Lies dir den Text gründlich durch.

Schäferhund rettet Dackel aus Container

(Dortmund) Ein Schäferhund hat in Dortmund einen hilflos in einem Papiercontainer feststeckenden Dackel gerettet. Wie die Polizei am Montag mitteilte, witterte der Schäferhund den Artgenossen und zog seine Besitzerin kurzerhand zu dem auf einem Parkplatz stehenden Behälter. Dort habe der Hund erst Ruhe gegeben, als die Frau durch den Einfüllschacht geschaut und zwischen dem eingefüllten Papier den hilflosen Dackel entdeckt habe. Die herbeigerufene Polizei konnte den Dackel schließlich unverletzt befreien. Das Tier war offenbar von einem Tierquäler in den Container geworfen worden.

 ÜBUNG 29 Zum Zeitungsbericht aus Übung 28 hat sich Julia eine Geschichte überlegt. Diese soll in der Ich-Form verfasst werden. Sieh dir ihre Notizen an und markiere die Abschnitte aus dem obigen Erzählkern farbig.

1. Meine Mutter will Kuchen backen, ihr fehlt Zucker.
2. Ich soll Zucker kaufen gehen. Ich nehme unseren Dackel Felix mit.
3. Ich binde Felix vor dem Geschäft an.
4. Ich kaufe den Zucker und muss lange an der Kasse anstehen.
5. Ich komme aus dem Geschäft. Felix ist weg.
6. Ein Schäferhund macht mich auf den Papiercontainer aufmerksam.
7. Ich gehe zum Container und höre Felix darin winseln.
8. Die Halterin des Schäferhundes bleibt bei Felix vor dem Container.
9. Ich laufe nach Hause.
10. Mama benachrichtigt die Polizei.
11. Die Polizei holt Felix aus dem Papiercontainer heraus.
12. Große Freude.

 ÜBUNG 30 Überlege, wie Julia den Aufsatz anfangen könnte. Welche der folgenden drei Einleitungen gefällt dir am besten? Welche Einleitung würdest du nicht nehmen? Schreibe deine Antwort mit einer kurzen Begründung in dein Übungsheft.

1. Als ich vom Schwimmen nach Hause kam, sagte meine Mutter zu mir: „Kannst du mir im Supermarkt Zucker holen?" Ich sagte „Ja!" und ging mit meinem Dackel Felix los.
2. „Felix, du musst draußen bleiben. Ich bin gleich wieder da." Ich band meinen Dackel an den Fahrradständer und ging in das Geschäft, um für meine Mutter Zucker zu kaufen.

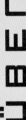

3. „Wo bleibst du nur so lange, Julia? Es kann doch nicht eine halbe Stunde dauern, bis du Zucker im Supermarkt gekauft hast!" Ich war noch ganz aufgeregt: „Stell dir vor, Mama, jemand hat unseren Dackel in den Papiercontainer geworfen. Jetzt kann er nicht mehr heraus."

ÜBUNG 31 Du hast eine Einleitung gewählt. Schreibe nun alle Erzählschritte in der richtigen Reihenfolge untereinander in dein Übungsheft. Orientiere dich an den Abschnitten von Übung 29. Beachte dabei: Wenn du mit einem späteren Abschnitt anfängst, musst du die anderen nachholen.

ÜBUNG 32 Formuliere die Geschichte vollständig in deinem Übungsheft aus: Schreibe abwechslungsreich und lebendig, erzeuge Spannung und runde die Erzählung treffend ab (↑ Kap. 1.1). Achte darauf, dass du die Ich-Form bis zum Ende beibehältst. Gib deiner Erzählung abschließend eine passende Überschrift.

ÜBUNG 33 Lies den folgenden Erzählanfang. Wie könnte die Geschichte weitergehen? Beantworte die Fragen darunter, um Stoff zu sammeln.

> Meine Oma habe ich wirklich sehr lieb. Sie hat nur einen Fehler: Beim „Mensch ärgere dich nicht" schummelt sie, wo sie nur kann ...

1. Wie könnte Oma schummeln? Notiere mindestens drei Ideen:

2. Wie könnte die Erzählung enden? Notiere mindestens zwei Ideen:

ÜBEN

ÜBUNG 34 Daniel hat die Geschichte weitergeschrieben. Lies seinen Text und beantworte dann die Fragen, indem du Ja oder Nein ankreuzt.

... So war es auch am letzten Sonntag. Nachdem sie das Spiel aufgebaut und einige Spielzüge gemacht hatten, wollte sie, dass er Limonade und Kekse aus der Küche holt.
Als er schnell ins Wohnzimmer zurückkam, sah er gerade noch, wie Oma eine ihrer gelben Figuren umstellte. Er fragte sie, ob sie gerade gemogelt habe, doch sie meinte lächelnd, dass sie dies nie tun würde.
Sie spielten weiter. Nach kurzer Zeit stieß Oma ungeschickt eine Figur auf den Boden. Er bückte sich, um sie aufzuheben. Schon wieder! Er konnte eindeutig erkennen, dass Oma eine von seinen roten Figuren verschwinden ließ. Weil er aber seine Oma so gern hatte, sagte er nichts.
Dafür passte er nun umso besser auf! Trotzdem siegte seine Oma. Sie jubelte lauthals.
Obwohl sie zweimal geschummelt hatte, ärgerte er sich wahnsinnig. Das zeigte er ihr aber nicht.

	Ja	Nein
1. Passt die Fortsetzung zum vorgegebenen Erzählanfang?	☐	☐
2. Hat Daniel die Personen oder die Situation geändert?	☐	☐
3. Ist die Geschichte glaubwürdig?	☐	☐
4. Werden Erzählperspektive und Erzählton eingehalten?	☐	☐
5. Verwendet er wörtliche Rede?	☐	☐
6. Werden Gedanken und Gefühle dargestellt?	☐	☐
7. Gebraucht Daniel treffende Wörter?	☐	☐
8. Ist der Satzbau abwechslungsreich?	☐	☐

 ÜBUNG 35 Verbessere den Aufsatz von Daniel (vgl. Übung 34) und schreibe ihn vollständig in dein Übungsheft.

ÜBEN

ÜBUNG 36   Lies den Anfang eines Kapitels aus „Till Eulenspiegel", den Erzählungen über den berühmten Narren aus dem 14. Jahrhundert. Meist wies er mit seinen Streichen den Leuten nach, dass sie noch viel größere Narren waren als er. Überlege, wie die folgende Geschichte weitergehen könnte, und mach dir Notizen in deinem Übungsheft.

Wie Eulenspiegel zu Magdeburg vom Rathauserker herabfliegen wollte

Die besten Bürger der Stadt Magdeburg forderten Eulenspiegel einst auf, er möge etwas recht Abenteuerliches vollführen. Da sagte er, er wolle vom Rathauserker herabfliegen. Nun wurde ein Geschrei in der ganzen Stadt, und Jung und Alt versammelte sich auf dem Markt, um zuzusehen. Eulenspiegel stieg auf den Erker des Rathauses und bewegte seine Arme, als ob er fliegen wollte. Die Leute standen da, rissen Augen und Mäuler auf und meinten nicht anders, als dass er wirklich fliegen könne ...

ÜBUNG 37   Erzähle die Eulenspiegel-Geschichte aus Übung 36 zu Ende. Bedenke dabei, dass Eulenspiegel weder fliegen noch zaubern kann und sich vor allem über die Leute lustig machen will. Tipp: Notiere zuerst die Erzählschritte in der richtigen Reihenfolge und formuliere erst dann deinen Aufsatz aus. Prüfe anhand der Checkliste in Übung 34, ob du alle Punkte berücksichtigt hast. Schreibe in dein Übungsheft.

ÜBUNG 38   Erzähle eine Geschichte mit der Überschrift „Aufregung beim Klassenausflug" und verwende dabei alle Reizwörter aus dem Wortspeicher. Bearbeite zunächst die nachfolgenden Fragen und notiere deine Ideen. Formuliere danach den Aufsatz in deinem Übungsheft anschaulich und lebendig aus.

> Schlossbesichtigung – langweilig – Himmelbett

1. Wer macht eine Schlossbesichtigung?

2. Was ist langweilig und warum?

3. Wodurch entsteht Aufregung?

4. Wie löst sich die Aufregung auf?

ÜBEN

1.5 Erlebniserzählung

Für die Erlebniserzählung verwendest du ein Ereignis, das du **wirklich** erlebt hast oder zumindest so erlebt haben **könntest**. Die Geschichte muss **glaubwürdig** sein! Als Aufgabenstellung wird hier entweder ein **Rahmenthema** vorgegeben oder eine **typische Situation**.

Rahmenthemen:
Erlebnisse mit Tieren – Mein Geburtstag – Bei den Großeltern – Ein Ferienerlebnis

Typische Situationen:
Die Überraschung – Noch einmal Glück gehabt! – Unter falschem Verdacht

▓ Zuerst sammelt man **Ideen** und macht sich **Notizen**. Es ist leichter, auf ein tatsächliches Erlebnis zurückzugreifen und dieses auszuschmücken. Denn oft reicht die Zeit nicht, sich alles neu auszudenken.
▓ **Ein erzählenswertes Erlebnis**, das im Mittelpunkt stehen soll, wird ausgewählt. Alles, was nebensächlich oder unglaubwürdig ist, muss aussortiert werden.
▓ Es wird festgelegt, was der **Höhepunkt** der Geschichte ist.
▓ Danach ordnet man die Notizen und legt die einzelnen **Erzählschritte** fest.
▓ Die Erzählschritte müssen in eine **sinnvolle Reihenfolge** gebracht werden (z. B. durch Nummerieren). Besonders wichtig ist dabei die **logische** Abfolge der Ereignisse.

Ideen:
vom Schwimmen nach Hause kommen – Schlüssel weg – Suche auf dem Heimweg – Suche im Schwimmbad – Schlüssel ist an Kasse abgegeben worden

Einleitung:
Wie und wo fängt alles an? Wer handelt? Wo setzt die Erzählung ein?

Hauptteil:
Wie läuft das besondere Ereignis ab? Was ist der Höhepunkt? Was passiert an der entscheidenden Stelle?

Schluss:
Wie hört die Geschichte auf?

Ein gut erzählter Erlebnisaufsatz zeichnet sich durch seinen **Spannungsbogen** aus. Entscheidend ist dabei nicht nur die **äußere**, sondern auch die **innere Handlung** (Gedanken, Gefühle, Wahrnehmung).

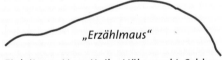
„Erzählmaus"

Einleitung, Hauptteil – Höhepunkt, Schluss

Nach der Textvorbereitung kannst du deine Geschichte ausformulieren:
▓ Die Erzählzeit ist das **Präteritum** (↑ Kap. 1.1). Beim Höhepunkt darf auch in die Gegenwart gewechselt werden: ins sogenannte **szenische Präsens**. Dadurch wirkt das Erzählte noch lebendiger.
▓ Achte auf eine **anschauliche** und **abwechslungsreiche** sprachliche Gestaltung! (↑ Kap. 1.1)
▓ Kein Erlebnisaufsatz ohne **wörtliche Rede**!
▓ Gliedere deinen Text sinnvoll in Absätze.

Als ich in die Hosentasche **griff, merkte** ich, dass der Schlüsselbund weg **war**.

Hastig **taste** ich alle Taschen ab. Nichts!

„Wenn ich ihn nicht wiederfinde, was dann?"

WISSEN

ÜBUNG 39 „So eine Aufregung!" – Sieh dir die folgenden Ideen für eine Erlebniserzählung zu dieser typischen Situation genau an. Welche Idee würdest du wählen? Kreuze sie an und begründe deine Entscheidung.

- ☐ im Zug eine spannende Detektivgeschichte lesen
- ☐ zum ersten Mal alleine reisen
- ☐ die Zielstation verpassen
- ☐ Fahrt zu den Großeltern mit der Bahn
- ☐ die Großeltern über Handy informieren
- ☐ die Großeltern kommen zum nächsten Bahnhof
- ☐ Ausstieg beim nächsten Halt

- ☐ mit Freunden am See
- ☐ Schlauchboot aufpumpen
- ☐ mit dem Boot zur Mitte des Sees fahren
- ☐ ins Wasser springen und tauchen
- ☐ einen riesigen Fisch mit glutroten Augen entdecken
- ☐ Alarm schlagen
- ☐ Flucht vor dem Ungeheuer
- ☐ die Eltern holen das Boot zurück ans Ufer

Begründung:

ÜBUNG 40 Was könntest du zum Thema „So eine Aufregung!" schreiben? Notiere zwei eigene Ideen.

1.

2.

ÜBEN

ÜBUNG 41   Zurück zur ersten Idee in Übung 39 (Bahnfahrt): Ordne die Erzählschritte, indem du sie richtig einträgst. Was ist der Höhepunkt? Unterstreiche ihn farbig.

Einleitung:

Hauptteil:

Schluss:

ÜBUNG 42   Den Hauptteil gestaltest du besonders aus. Finde zur äußeren Handlung passende Ideen für die innere Handlung. Versetze dich dazu in die Situation hinein und formuliere ganze Sätze: Was könntest du hören, sehen, riechen usw.? Was würdest du denken und fühlen?

1. **äußere Handlung:** im Zug eine spannende Detektivgeschichte lesen
   innere Handlung:

   Wahrnehmung:

   Gedanken:

   Gefühle:

2. **äußere Handlung:** die Zielstation verpassen
   innere Handlung:

   Wahrnehmung:

   Gedanken:

   Gefühle:

28

ÜBUNG 43 Ein typisches Rahmenthema lautet: „Ein Erlebnis mit Tieren". Stelle hierzu erste Überlegungen an und mach dir Notizen in deinem Übungsheft: Über welches Tier oder welche Tiere möchtest du schreiben? Was hast du mit diesem Tier bzw. mit diesen Tieren wirklich erlebt?

ÜBUNG 44 Lies den Aufsatz, den Luis zum Rahmenthema „Ein Erlebnis mit Tieren" geschrieben hat. Mach dir ggf. Notizen, wenn dir etwas auffällt.

Auf Safari im Urwald

Als ich vor zwei Jahren mit meinen Eltern in Asien war, um dort unsere Ferien zu verbringen, haben wir viele Abenteuer erlebt. Zuerst gingen wir in ein paar Dörfer, um das Leben der Einwohner anzusehen. Am nächsten Tag haben wir uns einen Dschungelführer gesucht, denn wir wollten eine Safari in den riesigen Dschungel

5 machen. Aber wir wollten nicht laufen, sondern uns tragen lassen – nicht von Menschen, sondern von einem Elefanten. Nachdem wir alles geplant hatten, gingen wir mittags los. Zuerst mussten wir durch einen Fluss, als Nächstes kam ein Sumpf, wo meine Mutter einen höllischen Schrecken bekam, als plötzlich ein kleiner Frosch aus dem Sumpf sprang und auf ihrem Kopf landete. Mein Vater und ich

10 lachten uns kaputt. Auf einmal sprang mir ein süßer, kleiner Affe auf meinen Rücken. Ich war überrascht, als ich den Affen auf meinem Rücken spürte. Wie von allen guten Geistern verlassen klaute mir der Affe einfach ein Bonbon aus der Hosentasche. Nach einer Weile kam eine große Schlange vom Baum heruntergeschlängelt. Ich habe erst gedacht, dass sie harmlos sei, aber da hatte ich mich

15 wohl geirrt, denn plötzlich biss sie mich in den Arm. Der Dschungelführer erschoss sie sofort und sagte, dass es eine giftige Schlange war. Mein Vater band meinen Arm mit seinem Gürtel ab, damit das Gift nicht noch woanders hinkommt. Wir sind sofort zurückgeritten zum nächsten Dorf. Als wir endlich einen Arzt gefunden hatten, gab er mir eine große Spritze und machte einen Verband

20 um den Arm, den ich nach drei Tagen wieder abnehmen durfte. Wir sind dann bald wieder nach Hause geflogen. Seitdem habe ich tierische Angst vor Schlangen.

ÜBEN

ÜBUNG 45 Beantworte die Fragen zum Aufsatz aus Übung 44.

1. Luis hat eine „blühende Fantasie", in Wirklichkeit war er noch nie auf Safari. Was in seiner Geschichte klingt deiner Meinung nach unwahrscheinlich?

2. In seinem Aufsatz beschränkt er sich nicht auf ein Erlebnis mit Tieren, sondern er erzählt mindestens drei Vorfälle. Mit welchen Tieren?

3. Der Aufsatz enthält einige schlechte umgangssprachliche Ausdrücke. Markiere sie farbig.

4. Luis hat keine wörtliche Rede verwendet. Suche zwei Stellen aus, wo du sie einsetzen würdest, und schreibe auf, was die Personen sagen könnten.

Zeile   :

Zeile   :

5. Der Aufsatz wird nicht durch Absätze gegliedert. Zeichne mit senkrechten Strichen ein, wo du Absätze machen würdest.

6. Hat Luis für seine Erzählung eine passende Überschrift gewählt?

 ÜBUNG 46 Erstelle nach folgender Anleitung Schritt für Schritt einen eigenen Erlebnisaufsatz zum Thema „Ein Erlebnis mit Tieren". Schreibe in dein Übungsheft.

1. Prüfe deine Ideen, die du in Übung 43 notiert hast: Beschränke dich auf **ein** Erlebnis und achte darauf, dass dieses glaubhaft ist!
2. Schreibe die einzelnen Erzählschritte auf.
3. Lege fest, was der Höhepunkt deiner Erzählung ist.
4. Sortiere aus, was unwichtig ist und weggelassen werden kann.
5. Ordne die Erzählschritte und plane: Was steht in der Einleitung? Wie baust du im Hauptteil Spannung auf? Wie gestaltest du den Höhepunkt anschaulich aus? Wie rundest du die Geschichte im Schluss ab? (↑ S. 26 „Erzählmaus")
6. Formuliere nun den Aufsatz aus.
7. Finde eine treffende Überschrift für deine Erlebniserzählung.

1.6 Fantasiegeschichte

In Traum- und Fantasiegeschichten geht es um Dinge, die man **nur im Traum oder in der Fantasie** erleben kann. Das Ereignis kann in der Zukunft, in der Vergangenheit oder auch in der Märchenwelt spielen.

Besuch von Außerirdischen
Eine Zeitreise ins Mittelalter
Die Supermäuse
Begegnung mit einem Schlossgespenst
Abenteuer im Zauberwald

Im ersten Schritt werden **Ideen gesammelt:**
▨ Wie sieht der fantastische Ort aus?
▨ Welche besonderen Eigenschaften haben die Menschen, Tiere oder Figuren?
▨ Was ist das ganz Besondere an diesem fantastischen Geschehen?

gebogene Häuser mit runden Löchern
karierte Mäuse, die sprechen können
Häuser sind lebendig und bewegen sich.
Menschen werden von Mäusen gejagt.

Eine gute Fantasiegeschichte wird nach den gleichen Regeln wie eine Erlebniserzählung geschrieben (↑ Kap. 1.5) – der Unterschied besteht einzig im **Inhalt.**
Es geht bei der Fantasiegeschichte **nicht** darum, unwahrscheinliche Ereignisse in großer Zahl zu erzählen. Schweife also nicht in unzählige Nebenhandlungen ab, sondern beschränke dich auf **ein** Ereignis, das zum gestellten **Thema** passt.

Erlebniserzählung ↔ *Fantasiegeschichte*
Tiere sprechen nicht ↔ Tiere sprechen
Dinge leben nicht ↔ Dinge leben
Häuser stehen ↔ Häuser bewegen sich
Mäuse werden gejagt ↔ Mäuse jagen

Ich werde von übernatürlichen Mäusen gejagt. Durch eine List schaffe ich es, ihnen zu entkommen.

Fantastische Vorgänge sind zwar meistens interessant, aber nicht automatisch spannend:
▨ Der **Spannungsbogen** (↑ Kap. 1.5) im Hauptteil muss vorher geplant werden.
▨ Vor allem ist es wichtig, den **Höhepunkt** anschaulich und lebendig auszugestalten (↑ Kap. 1.1).

„Wie niedlich, eine rot-weiß karierte Maus!", rief ich. Doch auf einmal war das seltsame Tier verschwunden. Mir kam der Gedanke, dass ich sie vielleicht nur geträumt hatte. Also suchte ich mir einen Platz zum Ausruhen und setzte mich auf eine Mauer. Gerade in dem Moment, als ich ...

Deine Fantasiegeschichte soll zwar **unglaublich** klingen, dennoch muss sie in sich **stimmig** sein:
▨ Es dürfen keine Figuren auftreten, die für die eigentliche Handlung unwichtig sind.
▨ Alles, was im Hauptteil und vor allem am Höhepunkt passiert, muss auch im Schlussteil wieder eine Rolle spielen.
▨ Besonders gelungen wirken Geschichten, die in der Wirklichkeit beginnen und /oder enden.

Wie kommt es zu der Begegnung mit den Mäusen?
Welche Rolle spielt es, dass die Mäuse sprechen können?
Warum werde ich von den Mäusen gejagt?
Wie überliste ich die Mäuse?
Welchen Zweck haben die lebendigen Häuser?
Wie gelange ich in die Fantasiewelt? / Wie komme ich wieder heraus?

WISSEN

ÜBUNG 47   Wozu passt das Thema: Fantasiegeschichte (F) oder
Erlebniserzählung (E)?

	F	E
1. Mein Name war Schwarzer Pfeil	☐	☐
2. Autofahrt in die Zukunft	☐	☐
3. Der verzauberte Schlüssel	☐	☐
4. Der Tag, an dem ich ein Fahrrad gewann	☐	☐
5. Keine Angst vor Drachen	☐	☐
6. Die Verfolgungsjagd	☐	☐

ÜBUNG 48   Das Thema lautet: „Lernen im Jahre 2222". Yannik hat sich dazu eine gute Idee
notiert. Sammle weitere Ideen, wie daraus eine Geschichte entstehen könnte.

> Im Jahre 2222 muss man nicht mehr alles selbst lernen, denn es gibt
> ein Zaubergerät: Thema eingeben, Gerät an den Kopf halten, Gehirn-
> zellen werden programmiert.

1. Für welches Fach würdest du dir ein solches Zaubergerät wünschen?

2. Wie kommst du in die Zukunft und gelangst an dieses Zaubergerät?

3. Funktioniert das Zaubergerät? Welche Fähigkeiten hast du dadurch erlangt?

4. Wie kommst du zurück in die Wirklichkeit bzw. Gegenwart?

5. Wie könnte die Geschichte enden? Fällt dir eine Schlusspointe ein?

ÜBUNG 49 Yannik stellt die Geschichte als Traum dar. Dies ist eine einfache und gute Möglichkeit, um in die Fantasiewelt zu gelangen. Lies seine Einleitung und kreuze an: Findest du sie gelungen? Verbessere gegebenenfalls Yanniks Text.

> Mathematik war alles andere als mein Lieblingsfach. Seit mehreren Monaten kassierte ich eine Sechs nach der anderen. Mit etwas Glück schaffte ich zwischendurch auch mal eine Fünf. Vorgestern hatte ich wieder einmal die schlechteste Klassenarbeit geschrieben. Meine Mutter schimpfte den ganzen Nachmittag. Beim Zubettgehen sagte mein Vater eindringlich zu mir: „Das muss sich unbedingt ändern! So kannst du nie ein guter Geschäftsmann werden ..." Verdrießlich schlief ich ein.

☐ Die Einleitung finde ich gelungen.

☐ Die Einleitung ist etwas zu kurz.
→ Unterstreiche, was ausführlicher dargestellt werden sollte.

☐ Die Einleitung ist etwas zu lang.
→ Streiche überflüssige Sätze durch.

ÜBUNG 50 Gestalte deine Vorüberlegungen aus Übung 48 zu einer Fantasiegeschichte aus. Du kannst dabei auch die Anregung aus Übung 49 aufnehmen. Schreibe die Erzählung in dein Übungsheft und beachte die folgenden Tipps.

Tipp 1: Achte darauf, dass deine Einleitung nicht langatmig wird.
Tipp 2: Verzichte auf ausführliche Erklärungen, wie das Zaubergerät funktioniert.
Tipp 3: Stelle nicht nur die äußere, sondern auch die innere Handlung dar: Gedanken, Wahrnehmungen und Gefühle.
Tipp 4: Verwende wörtliche Rede.

ÜBUNG 51 Denke dir nun selbst eine Fantasiegeschichte aus. Wähle aus den folgenden Themen eines aus und schreibe die Erzählung in dein Übungsheft.

Der verzauberte Schlüssel

Autofahrt in die Zukunft

Begegnung mit einem Drachen

Thementest 1

 60 Minuten

AUFGABE 1 Die folgende Geschichte ist durcheinandergeraten. Ordne die Sätze, indem du die richtige Reihenfolge in die Felder links einträgst.

a) Meine Lehrerin stand wie versteinert an der Tafel und forderte Felix auf, endlich die Maske abzunehmen und seine Hausaufgaben vorzulesen.

b) In diesem Augenblick verschwand mein berühmter Tischnachbar wieder und meine Freundin weckte mich, weil ich bald aussteigen musste.

c) Als ich neulich mit dem Schulbus nach Hause fuhr, nickte ich ein und träumte von der letzten Englischstunde.

d) Meine Lehrerin lief hochrot an und wollte gerade auf ihn zustürmen, als Harry Potter sich mit einem Zauberspruch rettete und meine Lehrerin festkleben ließ.

e) Harry Potter sprach sie höflich an und erklärte ihr, dass sie ihn wohl verwechsle.

f) Ohne lange zu überlegen, schlüpfte sie aus ihren Schuhen und kam auf uns zu.

g) Plötzlich saß statt meines Banknachbarn Felix Harry Potter neben mir und blickte mich durch seine Brille schelmisch an.

AUFGABE 2 Welche Sätze der Geschichte aus Aufgabe 1 gehören zur Einleitung, welche zum Hauptteil, welche zum Schluss?

Einleitung: Hauptteil: Schluss:

AUFGABE 3 Ausgestalten eines Erzählkerns: Lies den Zeitungsartikel aufmerksam durch und erzähle den Vorfall ausführlich in der Ich-Form. Schreibe den Aufsatz in dein Übungsheft.

Alarm per Torte

(Potsdam) Einen Feuerwehreinsatz hat eine Geburtstagstorte in Potsdam ausgelöst. Als zwei Schülerinnen ihren Lehrer zu Unterrichtsbeginn mit der Kalorienbombe überraschen wollten, rückten die Brandschützer mit Blaulicht und mehreren Einsatzfahrzeugen an, berichtete die Polizei am Freitag. Des Rätsels Lösung: Die brennenden Wunderkerzen auf der Torte hatten die Rauchmelder der Schule aktiviert.

Thementest 2

🕐 50 Minuten

AUFGABE 4   Lies die folgenden Erzählschritte für ein Ferienerlebnis, zu dem Vanessa
einen Aufsatz schreiben will. Unterstreiche die Sätze, die im Hauptteil besonders
ausführlich und spannend erzählt werden sollten.

Ich fahre alleine mit der Bahn zu Tante Moni nach Freiburg.

Der Zug hat 40 Minuten Verspätung.

Tante Moni ist bei der Ankunft nicht am Bahnsteig.

Beim Warten werde ich unruhig.

Ich mache mich auf die Suche.

Am Haupteingang treffe ich Tante Moni.

Sie musste die Parkzeit verlängern.

AUFGABE 5   Lies den Anfang des Aufsatzes von Vanessa. Was fällt dir auf? Verbessere die
Einleitung, indem du sie in deinem Übungsheft umschreibst.

In den Osterferien hatte mich meine Tante zu sich nach Freiburg eingeladen. Ich
wollte dort meine Ferien verbringen und meine Eltern waren damit einverstan-
den. Am Tag vor Palmsonntag brachten mich meine Eltern zum Bahnhof. Wir
gingen zum Gleis Nr. 1 und warteten auf den Zug. Nach wenigen Minuten lief der
Zug ein. Ich verabschiedete mich von meinen Eltern und sagte: „Tschüss!" Meine
Mama rief mir noch zu: „Tante Moni holt dich am Bahnsteig ab."
Kurz vor Freiburg blieb der Zug auf einmal stehen. Die Leute in meinem Abteil
wurden unruhig. Was war geschehen? ...

AUFGABE 6   Gestalte den Hauptteil und den Schluss dieser Erzählung in deinem
Übungsheft aus. Überlege anschließend, welche der folgenden Überschriften sich für den
Aufsatz eignet, welche eher nicht. Begründe deine Antwort knapp.

1. | Die Zugverspätung |

2. | Wie ich Tante Moni am
Bahnhof gefunden habe |

3. | Aufregung am Bahnhof |

Überschrift _____ eignet sich am besten, _____

_____

TESTEN

Thementest 3

 AUFGABE 7 Erlebniserzählung oder Fantasiegeschichte? Ordne die Themen richtig zu. Zwei Themen eignen sich nicht für eine Erzählung: Streiche sie durch.

Eine Nacht im Affenkäfig

Die Mutprobe

Die Geburtstagsüberraschung

Das sprechende Reh

Wie man Pfannkuchen zubereitet

Glück im Unglück

Spaziergang im Weltall

Die verhexte Lehrerin

Mein Füller

So ein Pech!

Erlebniserzählung	Fantasiegeschichte

 AUFGABE 8 Wähle aus Aufgabe 7 ein Thema aus und erzähle dazu eine möglichst spannende Geschichte. Schreibe die Erzählung in dein Übungsheft.

Beschreiben

2.1 Grundlagen

Die Beschreibung informiert in sachlicher Weise über Merkmale und besondere Eigenschaften, wobei man unterscheidet zwischen

▪ der **Gegenstandsbeschreibung**, zu der auch die **Tierbeschreibung** gezählt wird,
▪ der **Personenbeschreibung** und
▪ der **Vorgangsbeschreibung**.

Mäppchen – Baumhaus – Fahrrad
Kröte – Hamster – Wespe
Deutschlehrer – Mutter – Schauspieler
Bedienungsanleitung – Kochrezept

Eine Beschreibung hat den Zweck, dass sich der Hörer oder Leser eine genaue Vorstellung von etwas machen kann. Die Voraussetzung für eine gute Beschreibung ist **genaues Beobachten:** Je mehr Einzelheiten du benennst, umso präziser ist das Bild, das beim anderen erzeugt wird.

Ungenau:
Das Baumhaus ist weit oben.

Präzise:
Das Baumhaus befindet sich in einer Höhe von 3 Metern.

Bereite die Beschreibung sorgfältig vor:
▪ Lies die **Themenstellung** aufmerksam.
▪ Sammle möglichst viele **Stichpunkte**.
▪ **Ordne** deine Notizen.
▪ Unterstreiche die Notizen, die du für deine Beschreibung verwendest, und **sortiere Unwichtiges aus:** Was unterscheidet das zu Beschreibende von etwas Vergleichbarem?
▪ Bringe deine Stichpunkte in eine **sinnvolle Reihenfolge:** Gehe vom Auffälligen zu den besonderen Einzelheiten.

Merkmale eines Fahrrads:
Jugendfahrrad – orange- und silberfarben lackiert – mit schwarzen Aufklebern verziert – leicht gebogener Lenker – schwarze Griffe aus Schaumstoff – Handbremsen – Fahrradhupe in Form eines Krokodils – breiter, schwarzer Sattel – schwarzer Gepäckträger – Größe: 24 Zoll – 21 Gänge – Kettenschaltung – silberfarbene Schutzbleche mit schwarzen Kunststoffkappen ...

Achte beim Schreiben auf diese Punkte:
▪ Verfasse die Beschreibung im **Präsens**.
▪ Beschreibe **sachlich und objektiv.** Dein Text darf keine Wertung, Deutung oder persönliche Meinung enthalten.
▪ Beschreibe exakt und verwende dazu **treffende Adjektive** und **Fachbegriffe**.
▪ Formuliere **abwechslungsreich** und vermeide Wiederholungen – sowohl in der Wortwahl als auch im Satzbau.
▪ Gliedere deinen Text durch Absätze.

Nicht sachlich, sondern subjektiv:
Das Fahrrad ist toll, weil es eine Schaltung mit 21 Gängen hat. Sogar die steilsten Berge bin ich damit schon hochgefahren, alles ohne abzusteigen.

Sachlich und objektiv:
Das Fahrrad hat eine Kettenschaltung mit 21 Gängen, die es ermöglichen, auch starke Steigungen zu bewältigen.

WISSEN

ÜBUNG 1 Markiere alle Begriffe, die zum Thema „Beschreiben" passen.

wörtliche Rede	persönliche Meinung	sachliche Sprache
Gefühle	Fachbegriffe	Bildergeschichte
abwechslungsreiche Sprache	Präteritum	Ausrufe
informieren	Gedanken	Schlusspointe
Präsens	Genauigkeit	Höhepunkt
Spannung erzeugen		treffende Adjektive
klar und verständlich		lebendig und anschaulich

ÜBUNG 2 Gehören die Sätze eher zu einer Erzählung (E) oder zu einer Beschreibung (B)? Kreuze an.

	E	B
1. Katzen sind meine Lieblingstiere.	☐	☐
2. Das Regal besteht aus sechs Fächern.	☐	☐
3. Es ist so teuer, dass ich es mir nicht leisten könnte.	☐	☐
4. Es handelt sich um eine tragbare Spielkonsole.	☐	☐
5. Das Fahrrad hat einen Rennsattel.	☐	☐
6. Der Rüssel des Elefantenbabys ist schon ziemlich kräftig.	☐	☐
7. Am oberen Ende befinden sich zwei Schlaufen.	☐	☐

ÜBUNG 3 Unterstreiche jeweils das Wort, das den genannten Gegenstand in sachlicher Weise am treffendsten beschreibt.

Hut: geschmückt – verschnörkelt – verschönert – aufgemotzt

Zimmer: riesig – umfangreich – geräumig – gigantisch

Griff: seltsam – komisch – sonderbar – auffällig

Teppich: verschmutzt – abgeranzt – schmuddelig – dreckig

Fell: gemustert – gestreift – getigert – zebraartig

ÜBEN

38

ÜBUNG 4   Wortschatzrätsel: Trage jeweils den Gegensatz ein.

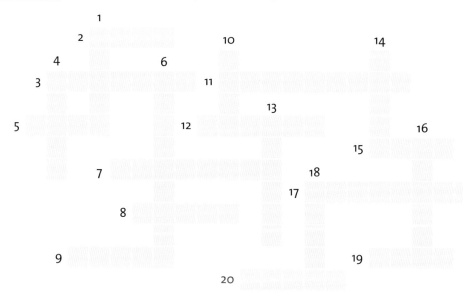

Senkrecht:

1. groß   4. schmal
6. unscheinbar   10. einfarbig
13. veraltet   14. tief
16. fest   18. schwach

Waagerecht:

2. lang   3. starr   5. grob
7. matt   8. rau   9. rund
11. oberhalb 12. spitz   15. dunkel
17. verziert 19. weich   20. rechts

ÜBUNG 5   Im folgenden Text wird ein Regal beschrieben. Streiche alles durch, was nicht
in eine sachliche Beschreibung gehört.

Mein Bücherregal ist aus dunklem Holz und passt deshalb gar nicht zu meinen anderen, weißen Möbeln. Ich habe es von meinem Bruder bekommen, er hat dafür jetzt ein neues. Es ist zwei Meter hoch, einen Meter breit und 40 Zentimeter tief. Unterteilt ist es in sechs Fächer, die etwa alle gleich hoch sind, ich habe es allerdings nicht extra ausgemessen. Vier der insgesamt sieben Regalböden lassen sich versetzen, da sie auf jeweils vier solchen beweglichen Stiften aufliegen. Das finde ich echt praktisch. Der obere und der untere Regalboden sind mit den Seitenteilen zu einem Rahmen verschraubt. Auch der mittlere Regalboden ist festgeschraubt, bestimmt damit das Regal standfest ist. Mit einem Sechskantschlüssel kann es komplett zerlegt werden. Wenn es wenigstens weiß wäre!

ÜBEN

ÜBUNG 6 Schreibe die Sätze so um, dass sie klar und sachlich formuliert sind. Verwende dazu geeignete Ausdrücke aus dem Wortspeicher, aber aufgepasst: Es sind darin auch unpassende Bezeichnungen enthalten!

> Zinken – stark beschädigt – schief sein – ungepflegt – Spitzen – unsauber – völlig zerkratzt – Schreibmaterial – Füller und Buntstifte – sich deutlich durchbiegen

1. Der Kotflügel ist voller Beulen und Kratzer.

2. Die Tischplatte hängt ziemlich durch.

3. Der Mann macht einen gammeligen Eindruck.

4. Die Gabel hat vier Zacken.

5. Das untere Fach dient als Ablage für Schreibkram.

ÜBUNG 7 Fasse die Informationen jeweils in einem komplexen Satz zusammen. Schreibe in Dein Übungsheft.

1. Die Digitalkamera wird mit Zubehör ausgeliefert. Das Zubehör besteht aus einem Akku, einem Ladegerät und einem USB-Kabel.
2. Zum Aufnehmen von Bildern wird eine Speicherkarte benötigt. Die Speicherkarte ist nicht im Set enthalten.
3. Vor dem ersten Gebrauch muss der Akku aufgeladen werden. Zum Aufladen wird der Akku in das Ladegerät eingesetzt.

ÜBEN

ÜBUNG 8   Formuliere aus den folgenden Informationen jeweils einen ganzen Satz. Schreibe in Dein Übungsheft.

1. 26 cm Durchmesser – Bratpfanne – schwarz

2. blau – ausgewaschen – Loch in Höhe Knie rechts – Jeans

3. Schreibtischstuhl – fünf Rollen – höhenverstellbar – Bezug: grüner Stoff

ÜBUNG 9   Eine Beschreibung soll zwar sachlich formuliert sein, aber dennoch abwechslungsreich. Sieh dir Lenas Text an: Was könnte sie besser machen? Verbessere ihre Beschreibung auf den Linien darunter.

Im Folgenden beschreibe ich eine Armbanduhr für Kinder. Die Uhr hat ein silberfarbenes Metallgehäuse. Der Durchmesser beträgt etwa 2 cm. Das Ziffernblatt ist hell. Es ist durch 12 Striche mit Ziffern unterteilt, an welchen die Uhrzeit abgelesen werden kann. Die Uhr hat zwei spitz zulaufende Zeiger zur Angabe von Stunden und Minuten. Die Uhr kann durch ein Rädchen an der Seite gestellt werden. Die Uhr wird mit Batterie betrieben. Die Uhr hat ein hellblaues Armband aus Leder. Das Armband ist schmal.

ÜBEN

2.2 Gegenstands- und Tierbeschreibung

In einer **Gegenstandsbeschreibung** informierst du über
- die Größe und die Form,
- die Farbgestaltung,
- das Material,
- auffällige Besonderheiten und
- die Funktion des Gegenstands.

Sammle dazu möglichst viele **Stichpunkte** und sortiere sie nach **Oberbegriffen**. Dies kann etwa in Form einer Tabelle oder einer Mindmap geschehen.

Deckenlampe:
Lampenschirm 2-teilig
ca. 40 cm Durchmesser, rund / Kegel
blau, hellbraun
Metall und Holz
große, kugelförmige Energiesparlampe
Beleuchtung des Flurs

Aufbau der Beschreibung:
- **Einleitend** benennst du den Gegenstand und gibst, wenn möglich, einen Hinweis auf die Herkunft oder den Standort.
- Im **Hauptteil** „zoomst" du den Gegenstand heran, d. h., die Reihenfolge der beschriebenen Merkmale geht vom Auffälligen zu weiteren wichtigen Einzelheiten, also vom **Allgemeinen** zu den besonderen **Details.**
- Der knappe **Schluss** darf keine neuen wichtigen Informationen liefern, sondern dient lediglich der Abrundung. Dazu kann z. B. der Zweck oder die Bedeutung des Gegenstands genannt werden.

Im Folgenden beschreibe ich die Deckenlampe in unserem Flur. Es handelt sich dabei um eine eher schlichte Leuchte. Der Lampenschirm besteht aus zwei Teilen, die beide die Form eines Kegels haben. Der große untere Kegel ist flach und besteht aus dünnem blauem Metall. Am unteren Rand beträgt der Durchmesser etwa 40 cm ...
Diese einfache Deckenlampe eignet sich vor allem für kleine Räume.

Bei der **Tierbeschreibung** stellt man besonders die charakteristischen Merkmale dar, durch die sich dieses Tier von seinen Artgenossen unterscheidet:
- In der kurzen **Einleitung** benennst du die **Gattung** des Tieres.
- Im **Hauptteil** informierst du über den Gesamteindruck und die Besonderheiten im Aussehen und Verhalten. Achte darauf, dass du die Körperteile des Tieres mit den üblichen **Fachbegriffen** bezeichnest.
- Im **Schluss** kannst du auf die Einleitung Bezug nehmen oder über die Beschreibung hinausgehende Hinweise geben oder Vermutungen anstellen.

Hund seit 12.08. spurlos verschwunden!
Es handelt sich um einen kleinen Rassehund mit schneeweißem Fell, einen sogenannten „Westie" (West Highland White Terrier). Er hört auf den Namen „Gismo". Der Körperbau des jungen Rüden ist kräftig. Seine Körperlänge beträgt etwa 40 cm und die Höhe knapp 25 cm. Das dichte, drahtige Fell ist an Hals, Rücken und Rute kurz getrimmt, an Kopf, Bauch und Läufen hingegen lang ...
Bitte helfen Sie uns, unseren treuen Gismo wiederzufinden. Wir sind dankbar für jeden Hinweis!

ÜBUNG 10 Hier siehst du zwei Gegenstände und jeweils drei Einleitungssätze einer Gegenstandsbeschreibung. Welcher ist der beste Einleitungssatz und warum?

1. a) Da ist so ein Ding mit einer Kerze drin.
   b) Der Gegenstand, den ich beschreibe,
   ist ein schwarzer Kerzenhalter.
   c) Der Gegenstand ist schwarz und obendrauf steht eine Kerze.

Satz ___ ist der beste, weil

2. a) Ich beschreibe jetzt meine Inlineskates, die fast
   genauso aussehen wie die von meinem Freund Tom.
   b) Die Inlineskates auf dem Bild sind bunt.
   c) Auf dem Bild sind ein Paar Inlineskates zu sehen,
   die die Farben Rot, Orange und Blau haben.

Satz ___ ist der beste, weil

ÜBUNG 11 Sieh dir beide Gegenstände genau an und schreibe zu jedem mindestens fünf Stichpunkte auf. Markiere den Stichpunkt farbig, der in die Einleitung gehört.

ÜBUNG 12 Julian hat Stichpunkte für die Beschreibung eines Instruments gesammelt. Um welches Instrument handelt es sich? Unterstreiche alle wichtigen Informationen, die er dafür verwenden sollte.

Höhe: 1,38 m	Gehäuse aus Holz	glänzender Lack
Hocker verstellbar	52 weiße Tasten	leicht verstaubt
zwei Pedale	Breite: 1,28 m	neu
Geschenk von Oma	88 Tasten	goldfarbene Beschläge
in Bayreuth gebaut	Klaviatur mit Deckel	Notenhalter
schlichte Form	Klavierstimmer anrufen	Klangkörper mit Deckel
36 schwarze Tasten	keine Kratzer	Schriftzug: Steingraeber
passend zum Sofa	schwarz	Klavierunterricht

Instrument: Julian beschreibt

 ÜBUNG 13 Ordne nun alle wichtigen Informationen aus Übung 12 richtig zu.

Gegenstand:

Größe:

Farbe und Material:

Form:

Bestandteile:

Besonderheiten:

 WISSEN ✚

Zahlen, Maße und Gewichte

Ein- und zweisilbige Zahlen schreibt man in der Regel aus. Wenn sie gehäuft auftreten, kann man auch Ziffern und Abkürzungen verwenden. Falsch ist nur die Kombination aus Zahlwort und Abkürzung.

Das Haus ist neun Meter breit / 9 m breit.

Die Garage ist 3,20 m breit, 8 m lang und 2,40 m hoch.

~~vierzig l~~ → vierzig Liter / 40 Liter / 40 l

ÜBEN

ÜBUNG 14 Sammle möglichst viele Informationen zu dem abgebildeten Gegenstand. Die Stichwörter im Wortspeicher helfen dir dabei.

Name des Gegenstands? – Herkunft oder Standort? – Wie viele Teile? – Farbe? – Form? – Größe? – Öffnungen? – Bedienknöpfe und -felder? – Besonderheiten?

ÜBUNG 15 Ergänze die folgende Beschreibung des Gegenstands aus Übung 14 mithilfe deiner gesammelten Notizen. Zeichne die fehlenden Absätze mit senkrechten Strichen ein.

Auf dem Bild ist ein   dargestellt. Es handelt sich um einen   zugänglichen Apparat. Er besteht aus   Teilen: einem   Gehäuse, einem ebenfalls   Telefonhörer, der an der   Seite eingehängt ist, und einem dünnen   , mit dem der Hörer angeschlossen ist.   Öffnungen befinden sich am Gehäuse: links oben sind   kleine   für   und darunter ist ein etwas   für Telefonkarten. Rechts oben dient ein   Display als Anzeigefeld.   davon befindet sich ein großes,   Bedienfeld, das aus   besteht. Am   Rand des Gehäuses ist ein   mit der Rufnummer 5294113 befestigt. Dieser Apparat könnte aus einer Telefonzelle in Großbritannien stammen.

ÜBEN

45

ÜBUNG 16 Bringe die Informationen in eine sinnvolle Reihenfolge. Nummeriere sie.

Unter der Schreibfläche befinden sich zwei gleich große, rechteckige Regalfächer.

Über den Fächern befindet sich eine Ablagefläche.

Die Regalfächer sind 10 cm tief.

Die 41 cm breite und 51 cm hohe Schreibfläche besteht aus schwarzem Schiefer.

Die Tafel kann zum Schreiben kurzer Informationen und zum Ablegen kleiner Gegenstände genutzt werden.

Im Folgenden beschreibe ich eine Schreibtafel mit Regalfächern.

Sie sind aus dem gleichen dunklen Holz wie der Rahmen.

Sie ist von einem 2 cm breiten Rahmen aus dunklem Holz umgeben.

Die Tafel ist 45 cm breit und 63 cm hoch.

 ÜBUNG 17 Sieh dir deinen Füller ganz genau an und schreibe möglichst viele Stichpunkte in dein Übungsheft. Ordne die Informationen anschließend in die Tabelle unten ein, indem du zu den Oberbegriffen die entsprechenden Eigenschaften notierst. Verwende Fachbegriffe, z. B. *Griffmulde, Bügel* usw.

Oberbegriff	Eigenschaften / Besonderheiten
Füller	
Material	
Bestandteile	
Schaft	
Kappe	
Feder	

ÜBEN

ÜBUNG 18 Verfasse nun anhand der Informationen, die du in Übung 17 gesammelt und geordnet hast, in deinem Übungsheft eine genaue Beschreibung deines Füllers. Orientiere dich dabei an der Reihenfolge in der Tabelle.

ÜBUNG 19 Zur Beschreibung von Tieren benötigst du einige Fachbegriffe. Beschrifte die Körperteile des abgebildeten Hundes.

ÜBUNG 20 Jana beschreibt ihr Haustier. Leider hat sie die Informationen nicht in einer sinnvollen Reihenfolge angeordnet, auch ihre Wortwahl ist nicht immer korrekt. Verbessere den Text in deinem Übungsheft und füge Absätze ein. Welches Tier ist es?

Der Kopf ist verhältnismäßig groß. Die Haare sind weich, kurz und zweifarbig. Mein Haustier ist ein Nagetier. Es ist etwa 25 cm lang und wiegt 1 Kilo. Die Ohren sind rund und stehen ab. Es hat dunkle, runde Augen. Möglicherweise sind sie wegen ihrer knopfartigen Augen als Haustiere so beliebt. Die Beine sind sehr kurz und der Körper ist gedrungen. An den Ohren und den Hinterbeinen sowie am Hinterteil ist es rotbraun. Auffallend ist, dass der Rumpf direkt in den Kopf übergeht. Die schwach behaarten Körperstellen an der Nase, im Ohr und an den Füßen sind rosafarben. Das Tier hat keinen Schwanz. Der Körper ist an der Unterseite, in der Rumpfmitte und in einem Streifen von der Nase über die Stirn bis hin zum Rücken schneeweiß.

2.3 Personenbeschreibung

In einer **Personenbeschreibung** informierst du über die Merkmale eines Menschen. Im Unterschied zur Gegenstandsbeschreibung geht es dabei nicht allein um das **Aussehen,** sondern auch um die **Wirkung** und den **Charakter.**

Das Mädchen wirkt ernst.
Er hat einen fröhlichen Gesichtsausdruck.

Wie bei anderen Beschreibungen ist die Zeitform das **Präsens.**
Die Sprache ist **sachlich und klar.** Achte darauf, dass dein Text nicht langweilig wird. Verwende **treffende** Ausdrücke, die weder rein subjektive Eindrücke wiedergeben noch die Person beurteilen.

Auf dem Bild sehe ich …
Vor mir liegt ein Foto …
Im Folgenden beschreibe ich …

sommerliche Freizeitkleidung
robuste Spielkleidung
festliche Abendkleidung

Einleitend gehst du auf **Geschlecht, Alter** und **Größe** ein. Wenn dir ein Foto vorliegt, gibst du an, in welcher **Situation** oder bei welcher **Tätigkeit** es die Person zeigt.

Auf dem Bild ist ein Junge von 11 Jahren mit einer Größe von 1,45 Meter zu sehen. Er trägt einen Ball unter dem rechten Arm und läuft über einen Fußballplatz.

Anschließend nennst du die **besonderen äußeren Merkmale** der Person. Beschränke dich dabei auf das **Wesentliche!** Wandere mit deinem Blick von oben nach unten und sammle Stichpunkte:
▪ **Kopf:** Form, Hautfarbe, Gesicht, Augen, Nase, Mund, Ohren, Haarfarbe, Frisur
▪ **Körper:** Körperbau, Schultern, Arme, Bauch, Beine, Füße
▪ **Kleidung:** Stil, Farbe, Material, Schmuck und weitere Auffälligkeiten
▪ **Körperhaltung** (Gestik) und **Gesichtsausdruck** (Mimik)

Kopf:
kurze blonde Haare – rundes Gesicht – kleine Augen – große abstehende Ohren – breiter Mund – helle Haut – stark gerötete Wangen – Grübchen
Körper:
schmaler, schlanker Körperbau – lange, dünne Arme und Beine – große Füße
Kleidung:
Fußballtrikot – weißes T-Shirt – kurze grüne Hose – schwarze Stollenschuhe
Haltung und Gesichtsausdruck:
lächelt – gehend – linker Arm hängt locker

Je nachdem, welchem Zweck die Beschreibung dient, kann auch verlangt sein, dass du auf die **besonderen Charaktereigenschaften** der Person eingehst.

Aufgabenstellung: Beschreibe deinen besten Freund bzw. deine beste Freundin.
→ Wegen seiner hilfsbereiten und fairen Art ist er bei allen beliebt.

Aus den Einzelinformationen soll am Ende ein Bild entstehen. Im Schlusssatz gibst du daher den **Gesamteindruck** wieder.

Er macht zwar einen erschöpften, aber sehr zufriedenen Eindruck auf diesem Bild.

WISSEN

ÜBUNG 21   Eine gute Beschreibung entsteht durch treffende Adjektive. Streiche alle Adjektive durch, die nicht zu dem Körperteil passen.

Haare: kurz – halblang – lang – glatt – rutschig – gelockt – struppig

Augen: groß – klein – braun – blau – grün – hell – dunkel – schlank

Nase: schmal – breit – gerade – krumm – unmöglich – spitz – rund

Mund: klein – groß – frech – breit – schmal – wulstig – intelligent

Ohren: alt – abstehend – anliegend – eckig – groß – klein – krumm

Hals: lang – kurz – breit – dick – fett – dünn – zierlich – wellig

ÜBUNG 22   Finde zu jedem Körperteil mindestens sechs treffende Adjektive.

Schultern:

Arme:

Bauch:

Beine:

ÜBUNG 23   Sind die Aussagen sachlich oder subjektiv und wertend? Zeichne die Gesichter entsprechend fertig: ☺ für sachliche und ☹ für wertende Aussagen.

1. Der Junge ist zwölf Jahre alt und 1,60 m groß.

2. Die Frau hat schulterlanges blondes Haar.

3. Es handelt sich um unsere lustige Nachbarin.

4. Er trägt ein gelbes T-Shirt und eine dunkelblaue Jeans.

5. Das Mädchen ist etwas zu kurz und zu dünn geraten.

6. Der Mann ist etwa 2 Meter groß und dürr.

7. In der rechten Hand hält er eine schwarze Sonnenbrille.

49

ÜBEN

ÜBUNG 24 Stelle dir folgende Situation vor: Das Baby auf dem Foto ist aus der Spielecke eines Kaufhauses verschwunden. Die Mutter will eine Beschreibung des vermissten Kindes über Lautsprecher ausrufen lassen. Welche der aufgelisteten Informationen müsste die Suchmeldung unbedingt enthalten? Markiere sie.

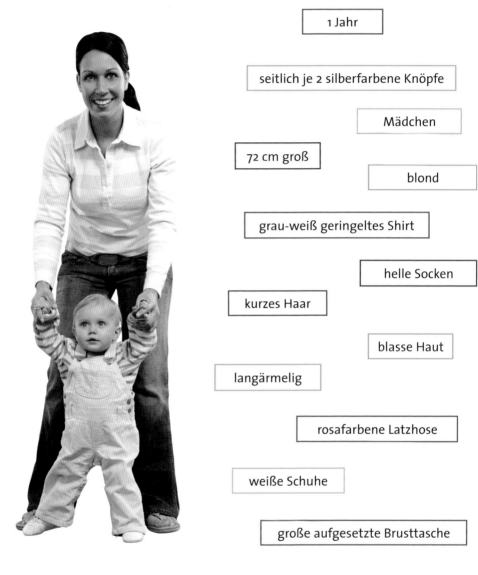

> 1 Jahr

> seitlich je 2 silberfarbene Knöpfe

> Mädchen

> 72 cm groß

> blond

> grau-weiß geringeltes Shirt

> helle Socken

> kurzes Haar

> blasse Haut

> langärmelig

> rosafarbene Latzhose

> weiße Schuhe

> große aufgesetzte Brusttasche

ÜBUNG 25 Beschreibe nun für die Durchsage in zwei bis drei Sätzen das vermisste Kind. Schreibe in dein Übungsheft:

Bei dem vermissten Kind handelt es sich um ...

ÜBUNG 26 Lies die Einleitungen von Paula, Marvin und Anna für eine ausführliche Personenbeschreibung der auf Seite 50 abgebildeten Frau. Gib jeweils an, welche Informationen
fehlen. Verbessere die Texte, indem du selbst eine Einleitung formulierst. Schreibe sie in
dein Übungsheft.

Paula: Die Frau auf dem Foto ist 32 Jahre alt und 1,70 Meter groß.

Marvin: Die Person ist 32 Jahre alt und 1,70 Meter groß. Sie beugt sich

nach vorne und lächelt.

Anna: Auf dem Bild ist eine 32-jährige Frau mit einem Baby zu sehen.

ÜBUNG 27 Sammle in deinem Übungsheft Stichpunkte zu den äußeren Merkmalen der
Frau von S. 50.

> **Kopf**
> (Haare, Form, Haut)

> **Körper**
> (Körperbau)

> **Kleidung**
> (Stil, Farben, Schmuck)

ÜBUNG 28 Welche Sätze geben deiner Meinung nach die Wirkung der abgebildeten Frau
bzw. den Gesamteindruck am treffendsten wieder? Kreuze an.

☐ Die Frau erinnert mich an meine Tante.

☐ Sie lächelt und wirkt glücklich, vermutlich weil ihr Baby laufen lernt.

☐ Durch ihr Lächeln macht sie einen freundlichen und zufriedenen Eindruck.

☐ Es scheint, als ob sie sehr glücklich ist.

☐ Möglicherweise ist sie die Mutter des Babys.

ÜBUNG 29 Nun hast du die Informationen für den Hauptteil und den Schluss deiner Personenbeschreibung gesammelt. Vervollständige den Text, den du in Übung 26 begonnen
hast.

ÜBEN

2.4 Vorgangsbeschreibung

Eine **Vorgangsbeschreibung** informiert über die Handlungsschritte bei einem bestimmten Vorgang, sodass man diesen wiederholen kann. Anders als bei der Gegenstandsbeschreibung muss hier die genaue **zeitliche Abfolge** der einzelnen Schritte erfasst werden.

Spielanleitung
Bastelanleitung
Kochrezept
Beschreibung einer Turnübung
Bedienungsanleitung eines Geräts

Die Vorgangsbeschreibung steht im Präsens.
Man kann den Leser entweder **direkt ansprechen** *(du / Sie)* oder das **unpersönliche *man*** verwenden. Möglich sind auch Umschreibungen im **Passiv**.

Stellen Sie den Schalter auf „on".
Du stellst zuerst den Schalter auf „on".
Zuerst stellt man den Schalter auf „on".
Der Schalter wird zuerst auf „on" gestellt.

Einleitend werden der Vorgang und sein Zweck bzw. das Ziel benannt. Gib danach an, welche **Voraussetzungen** oder **Vorbereitungen** dieser Vorgang erfordert.

„Mensch ärgere dich nicht" spielen
2–4 Spieler
Spielbrett auf den Tisch legen, Spielfiguren aufstellen, Würfel bereitlegen

---

Der Hauptteil enthält die Beschreibung der einzelnen Schritte:
▪ **Was** muss man genau **tun? Worauf** ist dabei zu **achten?**
▪ Gib die **Reihenfolge** der **Teilvorgänge** richtig wieder: Was geschieht zuerst? Was wird danach gemacht? Was passiert gleichzeitig?
Beachte: Lass alles weg, was zufällig, einmalig oder wertend ist.

Zuerst würfelt man und zieht dann seine Spielfigur auf dem Spielbrett um die gewürfelte Augenzahl weiter.
Ist das erreichte Feld durch die Figur eines Mitspielers besetzt, wird diese geschlagen und zurück in die Anfangsposition gesetzt.

Der Schluss informiert über den **Erfolg** bzw. das **Ergebnis** des Vorgangs.

Um von einem Startpunkt zu einem bestimmten Ziel zu gelangen, ist bei der **Wegbeschreibung** ebenfalls entscheidend, dass die einzelnen Wegstationen in der exakten Reihenfolge und vollständig dargestellt werden. Nenne darüber hinaus
▪ die **Richtung** und nach Möglichkeit auch die **Entfernung**,
▪ die **Namen** von wichtigen Orten, Straßen und Plätzen,
▪ örtliche Besonderheiten.

Zunächst geht man die Goethestraße entlang, bis man nach etwa 300 m den Schillerplatz erreicht. Dort hält man sich rechts und biegt vor einer Bäckerei in die Kleistallee ein. Nach etwa 50 m kommt man an eine kleine Kreuzung und schwenkt nach links. Schon nach wenigen Schritten sieht man auf der linken Seite eine Apotheke. Die Arztpraxis befindet sich rechts daneben.

ÜBUNG 30 Benenne den Vorgang und bringe die einzelnen Handlungsschritte in eine sinnvolle Reihenfolge, indem du sie nummerierst.

1. Vorgang:

Geld einwerfen

zum Automaten gehen

Restgeld und Fahrkarte entnehmen

Fahrziel eingeben

2. Vorgang:

Kabel entfernen

Handy ausschalten

Ladekabel anschließen

auf Anzeige „komplett geladen" warten

in Steckdose stecken

3. Vorgang:

mit Tomatensoße bestreichen

Pizzagewürz darüberstreuen

Teig ausrollen

etwa 12 Minuten bei 280 °C backen

nach Belieben belegen

geriebenen Käse darauf verteilen

ÜBUNG 31 Setze die Silben zu zwölf Wörtern zusammen, die die zeitliche Abfolge von Handlungsschritten darstellen, und schreibe sie unten auf. Es darf keine Silbe übrig bleiben.

an	bald	be	da	zu	vor	ßend
dem	erst	her	hin	letzt	rauf
lich	rend	zu	nach	nächst	schlie
schließ	so	vor	wäh	nach	zu	da

ÜBEN

ÜBUNG 32 Weißt du, wie man Bratkartoffeln zubereitet? Bringe die Informationen in die richtige Reihenfolge. Schreibe dann das Rezept in dein Übungsheft. Nenne in der Einleitung, welche Zutaten benötigt werden.

Kartoffelscheiben in die Pfanne geben

Kartoffeln in Scheiben schneiden

Nach Geschmack mit Salz, Pfeffer und Paprika würzen

Bei mittlerer Hitze goldgelb braten

Von Zeit zu Zeit wenden

Kartoffeln schälen

In einer Pfanne 20 ml Öl erhitzen

 ÜBUNG 33 Paul erzählt seinem Freund Severin, wie das Ausleihen von Büchern in der Stadtbibliothek funktioniert. Welche Informationen könntest du in einer Vorgangsbeschreibung nicht verwenden, da sie subjektiv-wertend sind oder etwas Einmaliges bzw. Zufälliges darstellen? Streiche die betreffenden Wörter oder Satzteile durch.

Ich war mit meinem Papa gestern in der Stadtbibliothek. Die Abteilung mit den Kinder- und Jugendbüchern ist im ersten Stock. Zuerst habe ich mir drei tolle Bücher ausgesucht. Ich hätte am liebsten sofort losgelesen! Dann bin ich mit meinem Papa zum Informationsschalter gegangen, um mir einen Ausleihausweis zu besorgen. Die supernette Frau hat mir dann einen kostenlosen Büchereiausweis ausgestellt. Damit sind wir dann ins Erdgeschoss zum Ausleihschalter gegangen. Dann hat eine andere Frau, die auch sehr freundlich war, meinen nagelneuen Ausweis und die Bücher gescannt. Dann habe ich meinen Ausweis und die Bücher in meine Tasche gesteckt und freundlich zurückgelächelt. Zu guter Letzt habe ich einen Ausleihzettel bekommen, auf dem die sogenannte Leihfrist steht, also bis wann ich die Bücher spätestens wieder zurückgeben muss. Draußen hat es geregnet.

ÜBUNG 34 Wie muss Pauls Freund Severin vorgehen, wenn er Kinder- oder Jugendbücher ausleihen möchte? Schreibe die insgesamt neun Handlungsschritte (vgl. Übung 33) in der richtigen Reihenfolge auf.

1. in die Stadtbibliothek gehen

2.

3.

4.

5.

6.

7.

8.

9.

ÜBUNG 35 Sieh dir Pauls Bezeichnungen der zeitlichen Abfolge an (s. Übung 33). Was fällt dir auf?

ÜBUNG 36 Welche Einleitung eignet sich am besten?

☐ 1. Um sich ein Buch auszuleihen, sind viele Schritte nötig.

☐ 2. Im Folgenden wird dargelegt, wie man sich beim Buchausleihen verhält.

☐ 3. Was muss man tun, wenn man sich ein Buch ausleihen möchte?

ÜBUNG 37 Überlege dir eine Idee für den Schluss: Was ist der Zweck des Vorgangs?

ÜBUNG 38 Verfasse nun mithilfe deiner Vorbereitungen (s. Übungen 33 bis 37) eine vollständige Vorgangsbeschreibung. Verwende die unpersönliche Ansprache *man* und Umschreibungen im Passiv. Achte auf die richtige Zeitform und eine abwechslungsreiche Sprache. Schreibe in dein Übungsheft.

ÜBEN

Beschreiben

 ÜBUNG 39 Severin weiß nicht, wo sich die Stadtbibliothek befindet. Ergänze die Weg-
beschreibung mithilfe der Abbildung.

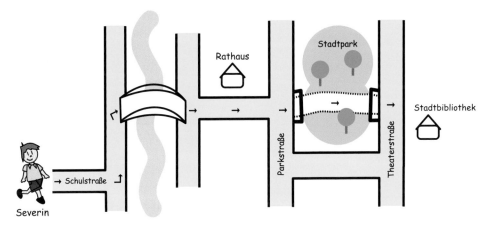

Um von der Schule aus zur zu gelangen, gehst du

zuerst .

Dann in eine Straße, die dich am

entlangführt. Du bleibst auf dieser Straße, bis du nach etwa 100 Metern

 . Hier

und hältst dich von nun an immer . Die Entfernung beträgt noch

ungefähr 400 Meter. Dabei führt dich dein Weg zunächst

vorbei, das liegt. Danach triffst du auf die

und erreichst auf der anderen Straßenseite . Du folgst

 durch den Park und kommst bei der

 wieder heraus.

 befindet sich der Eingang der Bibliothek. Beim der Straße

 musst du vorsichtig sein, da sie stark befahren ist.

 ÜBUNG 40 Schreibe alle 13 Verben der Fortbewegung aus Übung 39 im Infinitiv (in der
Grundform) auf. Füge mindestens 3 weitere Verben hinzu.

ÜBUNG 41 Beschreibe deinen täglichen Schulweg in der Ich-Form. Nimm dazu dein Übungsheft. Die folgenden Tipps helfen dir dabei:

1. Stell dir vor, dass du diese Beschreibung für einen Ortsfremden verfasst. Gib ihm alle Informationen, sodass er den Weg problemlos nachvollziehen kann!
2. Wie kommst du zur Schule: zu Fuß, mit dem Rad, dem Bus oder der Bahn?
3. Nenne alle wichtigen Etappen von deiner Haustür bis zum Schulgebäude.
4. Kannst du die Entfernungen in Metern oder Minuten angeben?
5. Kommst du an auffälligen Orientierungspunkten vorbei, z. B. an einem Gebäude, einer Unterführung, einem Fluss oder einem Park?
6. Weise auf Gefahrenstellen wie gefährliche Kreuzungen hin!
7. Überarbeite die erste Fassung deiner Wegbeschreibung kritisch: Sind tatsächlich alle Details wichtig? Streiche Überflüssiges durch!
   Sind Wortwahl und Satzbau abwechslungsreich?

ÜBUNG 42 Die folgenden Sätze stammen aus einer Anleitung für ein Kartenspiel. Der Text wurde von einem ziemlich schlechten Übersetzer erstellt. Auch die Reihenfolge ist nicht immer schlüssig. Formuliere daraus eine brauchbare Spielanleitung.

ACHTUNG FEHLER

Die Karten haben Druck mit Farbe und Zahl in diese Spielen.
In Zusatz auch Sonderkarten sind im Inneren:

→ mit Druck „+ 2" ist ziehen 2 Karten
→ mit Ø ist Aussetzung von Nachbar
→ mit symbolisch Pfeilen ist Verwechselung in Richtung
→ mit schwarzen und vier Farbe ist frei wunschen Farbe

Sieben Stuck jede Spieler vorlegen in Zudeckung.
Alles Karte werden in gute Mischung an Anfang gebracht.
Eine Stuck in Aufdeckung in Mitte legen.
Große Stapler mit Rest in Nachbarschaft in Zudeckung stellen.

Karte muss passende über Mittekarte oberen: Farbe oder Zahl einstimmig. Jeweils legen Spieler ein Karte immer ab. Immer kann frei wunschen Farbe einzigartig Karte. Wenn nicht Ablegung moglich: neue Karte von große Stapler abnehmen.

Wer nur hat Hand eine Stuck Karte zu Ausrufung: „Uno!" Mit Vergesslichkeit so strafen Karte nehmen.
Erste Spieler alles Ablegung ist das Gewinn.

Thementest 1

 45 Minuten

 AUFGABE 1 Notiere zu jedem genannten Gegenstand vier mögliche Merkmale.

Bett	Wecker	Schultasche

 AUFGABE 2 Formuliere aus den vorgegebenen Informationen jeweils einen Satz.

1. Fußballfeld / regulär / Länge 105 m / Breite 75 m

2. Armbanduhr / Anzeige / Datum / Wochentag

3. Bedienung / MP3-Player / Tastenfeld / Lautstärkeregler

AUFGABE 3 Beschreibe den abgebildeten Gegenstand in deinem Übungsheft.

Größe: Höhe 18 cm, Durchmesser 24 cm
Material: Blech und Holz

TESTEN

⏱ 45 Minuten

AUFGABE 4 Notiere alle wichtigen äußerlichen Merkmale des abgebildeten Fuchses. Beachte dabei auch den Text zur Abbildung. Verwende Fachbegriffe!

Rotfuchs
Familie: Wildhund
Gewicht: ca. 6 kg
Länge (ohne Schwanz):
ca. 65 cm
Schwanzlänge: ca. 35 cm
Vorkommen:
Nordamerika, Europa,
Asien, südliches Australien

AUFGABE 5 Ordne die in Aufgabe 4 gesammelten Informationen, z. B. in einer Tabelle. Achtung: Sortiere Unwichtiges aus und beschränke dich auf die Merkmale, durch die sich der Fuchs von anderen hundeähnlichen Tieren unterscheidet. Schreibe in dein Übungsheft.

AUFGABE 6 Bringe die Informationen zuerst in eine sinnvolle Reihenfolge und formuliere dann die Beschreibung in deinem Übungsheft aus. Denke daran, deinen Text mit einem geeigneten Schlusssatz abzurunden!

TESTEN

Thementest 3

 50 Minuten

AUFGABE 7 Hier findest du alles, was du für die Zubereitung von Nussmuffins wissen musst. Bringe zuerst die Arbeitsschritte in eine sinnvolle Reihenfolge und nummeriere sie. Formuliere dann das Rezept in deinem Übungsheft aus. Verwende dabei die unpersönliche Ansprache *man* und gib in der Einleitung alle Zutaten und Hilfsmittel an, die dafür benötigt werden.

> **Zutaten:**
> 100 ml Milch
> 100 g Mehl
> 80 g gemahlene Nüsse
> 30 g Schokoflocken
> 2 Teelöffel Backpulver
> 100 g weiche Butter
> 100 g Puderzucker
> 1 Ei
> ein wenig Öl für die Form
>
> **Hilfsmittel:**
> Rührschüssel
> elektrisches Handrührgerät
> Muffinform mit 12 Vertiefungen

Aufpassen: bei zu langem Rühren werden Muffins klebrig

Teig auf die Vertiefungen der Muffinform verteilen

Backofen auf 175 Grad vorheizen

Muffins nach Belieben verzieren

Milch in das Fettgemisch einrühren

Muffins nach 25 Minuten Backzeit herausholen

Butter mit Puderzucker und Ei in Rührschüssel cremig schlagen

Vertiefungen der Muffinform einölen

Mehl mit gemahlenen Nüssen, Schokoflocken und Backpulver mischen

Muffins vorsichtig aus der Form lösen

Mehlmischung zügig unterrühren

Muffins auf einem Gitter abkühlen lassen

In den Backofen schieben

Berichten

3.1 Grundlagen

Ein Bericht informiert **sachlich und genau** über einen Sachverhalt oder ein Geschehen. Er enthält alle wichtigen Informationen, sodass sich Unbeteiligte ein genaues Bild davon machen können.

Unfall – Diebstahl – Beschädigung – Brand – Stadtmarathon – Flohmarkt – Klassenfahrt – Schülerkonzert – Vorlesewettbewerb

Ein vollständiger Bericht gibt Auskunft zu den **sieben W-Fragen:**
- **Was** ist geschehen?
- **Wer** war daran beteiligt?
- **Wo** hat es sich abgespielt?
- **Wann** hat es sich ereignet?
- **Wie** ist es abgelaufen?

- **Warum** ist es passiert?
- **Welche Folgen** hat es?

Beachte: Mit diesen Fragen kannst du Informationen sammeln, Wichtiges von Unwichtigem unterscheiden und überprüfen, ob ein Text umfassend informiert.

Vorlesewettbewerb
Schüler der 6. Klassen, ihre Deutschlehrer
Aula der Albert-Einstein-Realschule
25. April
Erklärung der Regeln, Auslosung der Reihenfolge, Vortrag der geübten Texte ...
Ermittlung des Schulsiegers
Teilnahme am Bezirkswettbewerb

Einen Bericht schreibt man im **Präteritum** (1. Vergangenheit). Die Vorgeschichte und die Hintergründe werden im **Plusquamperfekt** (2. Vergangenheit) dargestellt, der gegenwärtige Stand im **Präsens** und der Ausblick auf die Zukunft im **Futur.**

Am 25. April **fand** der Vorlesewettbewerb **statt.** *(Präteritum)*
Davor **hatte** jede Klasse ihren Sieger **ermittelt.** *(Plusquamperfekt)*
Der Schulsieger **wird** am Bezirkswettbewerb **teilnehmen.** *(Futur)*

Verfasse deinen Bericht in einer klaren, nüchternen und **sachlichen Sprache.**
Dein Text darf keine Ausschmückungen, Übertreibungen, persönlichen Meinungen oder Kommentare, Dialoge und Ausrufe enthalten. In der Regel wird auf die wörtliche Rede ganz verzichtet. Kommt es auf den genauen Wortlaut einer Aussage an, wird die **indirekte Rede** verwendet.

Der erste Vortrag ~~war grottenschlecht~~ konnte nicht überzeugen.
~~Der Wunderknabe~~ Arion B. zeigte anschließend eine ~~überirdische~~ hervorragende Leistung.

Herr Büchle: „Julia ist eindeutig die beste Vorleserin." → Herr Büchle sagte, dass Julia eindeutig die beste Vorleserin sei.

WISSEN

ÜBUNG 1   Welche Adjektive passen zur Sprache eines Berichts? Kreuze an.

☐ fesselnd   ☐ klar   ☐ knapp   ☐ stimmungsvoll

☐ unpersönlich ☐ farbig   ☐ anschaulich ☐ sachlich

☐ genau   ☐ lebendig   ☐ nüchtern   ☐ spannend

☐ unterhaltsam ☐ straff   ☐ dramatisch   ☐ abwechslungsreich

☐ gefühlvoll   ☐ eintönig   ☐ subjektiv   ☐ objektiv

ÜBUNG 2   Unterstreiche im Text alle Angaben, die unklar oder ungenau sind. Ersetze sie anschließend durch Formulierungen aus dem Wortspeicher und schreibe den Bericht in dein Übungsheft.

> vierjähriger – am vergangenen Samstag – der Insel Teneriffa – mit einem Bananentransporter – Reisegruppe – Grenzbeamten und der Passkontrolle – auf der Toilette – zwei Stunden – in Düsseldorf – deutschen Grenzschutzbeamten – Kinderpsychologin

Ein noch ziemlich kleiner Junge schaffte es vor ein paar Tagen, als blinder Passagier von irgendeiner kanarischen Ferieninsel nach Deutschland zu gelangen. Zunächst war es ihm gelungen, irgendwie zum Flughafen der Insel zu fahren. Dort schloss er sich unbemerkt einer Gruppe an, und so gelang es ihm, sich an den uniformierten Männern vorbeizuschmuggeln. Weil er sich irgendwo versteckt gehalten hatte, wurde der Ausreißer erst eine lange, lange Zeit nach dem Start der Maschine entdeckt. Nachdem die Maschine auf dem Flughafen in der nordrhein-westfälischen Stadt gelandet war, wurde der kleine Ausreißer von irgendwelchen Beamten in Empfang genommen und in Begleitung einer Frau nach Hause zurückgeschickt.

ÜBEN

ÜBUNG 3   Streiche in dem Auszug aus einem Bericht alle Ausschmückungen, Übertreibungen, persönlichen Wertungen, Kommentare usw. durch.

Während die Klasse 6b in der Turnhalle auf ihren bereits etwas älteren Sportlehrer wartete, wollte der Schüler Kevin X., wie schon so oft, seine Klassenkameraden mit einem Kunststück beeindrucken. Er nahm ordentlich Anlauf und steuerte auf die am Vortag frisch gestrichene Wand zu. Mittels eines äußerst gewagten Sprungs wollte er sich offenbar mit den Füßen an der Wand abstoßen, prallte jedoch stattdessen frontal und mit voller Wucht dagegen. Autsch! Der 12-Jährige wurde von den eilig herbeigerufenen Sanitätern ins Krankenhaus eingeliefert, wo eine schmerzhafte Rippenprellung festgestellt wurde.

ÜBUNG 4   Ein Mann erzählt einem Journalisten, wie er ein sechsjähriges Mädchen vor dem Ertrinken gerettet hat. Seine Aussagen sind umgangssprachlich formuliert und enthalten Einzelheiten, die für das Hauptereignis – die Rettungsaktion – nicht von Bedeutung sind. Was notiert sich der Journalist als wichtigste Informationen? Schreibe seinen Stichwortzettel in dein Übungsheft.

1.
Am Fluss mach ich oft Mittagspause. Ich will gerade in mein Wurstbrötchen beißen, da hör ich plötzlich jemanden ganz schrill um Hilfe schreien. Und da sehe ich am Ufer einen Buben. Wie verrückt hat der mit den Armen rumgefuchtelt und geschrien.

2.
Also da hab ich nicht lange überlegt und bin zu dem Buben gerannt. Wie ich sehe, dass da ein Kind im Wasser treibt, hab ich schnell meine Jacke ausgezogen und bin reingesprungen. Ha, mich schüttelt es jetzt noch, wenn ich daran denke, wie saukalt das Wasser war!

3.
Nach vier, fünf Zügen war ich bei dem Mädchen und hab es gepackt – gut, dass ich als Bub mal einen Rettungsschwimmerkurs mitgemacht hab. War gar nicht so leicht, wieder ans Ufer zurückzukommen, mit dem Kind und der Strömung und den nassen Klamotten.

ÜBUNG 5   Überprüfe, ob in dem Zeitungsbericht vollständig informiert wird. Beantworte dazu die sieben W-Fragen in Stichworten.

Sechsjährige vor dem Ertrinken gerettet

Gestern am frühen Nachmittag rettete in Coburg der Fahrer eines privaten Paketdienstes ein sechsjähriges Mädchen vor dem Ertrinken.

Das Mädchen hatte mit seinem elfjährigen Bruder am Ufer der Itz gespielt. Trotz der Warnung ihres Bruders sprang die Sechsjährige auf den Eisrand des an dieser Stelle nur teilweise zugefrorenen Flusses. Sie rutschte dabei aus und fiel in das eiskalte Wasser. Eine Luftblase in ihrem Mantel verhinderte das Absinken des Kindes, das verzweifelt um sein Leben kämpfte.

Durch die Hilferufe des Bruders wurde der 27-jährige Kraftfahrer Martin B., der auf einem nahe gelegenen Parkplatz Mittagspause machte, auf das Unglück aufmerksam. Er eilte herbei, sprang in den Fluss und es gelang ihm, das Mädchen ans Ufer zu holen. Anschließend fuhr er die Kinder nach Hause. Der von der Mutter herbeigerufene Notarzt stellte eine Unterkühlung des Mädchens fest und ließ es in ein Krankenhaus bringen. Nach Auskunft des behandelnden Arztes wird es die Folgen des Unfalls schon bald überstanden haben.

---

1. **Was** ist geschehen? (Hauptereignis)

2. **Wer** war am Vorfall beteiligt? (wichtige Angaben zu den Personen)

3. **Wo** ereignete es sich? (Ort des Geschehens)

4. **Wann** ist es passiert? (Zeitpunkt)

5. **Wie** hat sich der Vorfall abgespielt? (Ablauf mit wichtigen Einzelheiten)

6. **Warum** ist es geschehen? (Vorgeschichte, Hintergründe, Ursachen)

7. **Welche Folgen** hatte der Vorfall?

ÜBUNG 6 Schreibe die sieben W-Fragen untereinander in dein Übungsheft. Welche Informationen enthält der Kurzbericht, welche nicht? Notiere Stichwörter.

Durch einen Zufall wurde am vergangenen Freitag ein Banküberfall verhindert. Während ein Vierjähriger vor der Bank spielte, stürmte ein Mann in das Gebäude und stieß dabei das Kind um. Daraufhin suchte der Vater des Jungen in der Schalterhalle nach dem Rüpel. Dort sah er jedoch, dass die Bankangestellten gerade mit einer Pistole bedroht wurden. Es gelang ihm, die Bank unbemerkt wieder zu verlassen und die Polizei zu informieren.

ÜBUNG 7 Wenn sich ein Verkehrsunfall ereignet hat, befragt die Polizei die Beteiligten und die Zeugen. „Übersetze" die mündlichen Aussagen in die sachlich-nüchterne Sprache des Berichts. Achte auf die richtige Zeitform!

1. „Der Motorradfahrer ist viel zu schnell gefahren."

   Der Motorradfahrer fuhr mit

2. „Da bemerkte ich, dass die Bremsen nicht mehr gingen."

   Es stellte sich heraus, dass die

3. „Der ist viel zu dicht an mir vorbeigefahren."

   Der Radfahrer stürzte, weil der Lastwagenfahrer den vorgeschriebenen

4. „Da fing mein Wagen an sich zu drehen und ich konnte nicht mehr lenken."

   Der Autofahrer

5. „Der hat am Stoppschild einfach nicht angehalten!"

   Der Radfahrer

6. „Der Hund hat sich losgerissen, ja, und da hat ihn der Bus erwischt."

   Der Hund

7. „Dass die aber auch in einer solchen Kurve, wo man wirklich kaum was sehen kann, überholen muss!"

   Die Fahrerin wollte

3.2 Aufbau und Inhalt des Berichts

In welcher **Reihenfolge** die Informationen in einem Bericht angeordnet werden, hängt zum einen von der **Art** des Berichts ab und zum anderen davon, in welcher **Absicht** er verfasst wird (Adressatenbezug).	Polizeibericht Versicherungsbericht Arbeitsbericht Veranstaltungsbericht Zeitungsbericht
In der **Einleitung** gibt man in ein bis zwei Sätzen einen knappen **Gesamtüberblick** über das Hauptgeschehen (Ereigniskern): **Was? – Wer? – Wann? – Wo?** Danach beginnt ein neuer Absatz.	Am Samstag erlitt eine zwölfjährige Reiterin aus Ebersbach eine schwere Schulterverletzung, als ihr Pferd unerwartet scheute und sie abwarf.
Im **Hauptteil** informiert man ausführlich über die näheren Umstände und den **genauen Ablauf** des Geschehens: **Wie?** Die Abfolge und die Zusammenhänge müssen schlüssig dargestellt werden.	längerer Ausritt mit Vater – Einbiegen in einen Waldweg – Pferd scheute plötzlich und stellte sich auf – Sturz auf die rechte Schulter – Vater rief Notarzt mit seinem Handy – Einlieferung ins Krankenhaus
Zum **Schluss** berichtet man über die **Hintergründe, Folgen** oder **Ergebnisse,** du kannst zur Abrundung aber auch einen **Ausblick** auf die Zukunft geben: **Warum? – Welche Folgen?** Dieser Teil des Berichts steht ebenfalls in einem eigenen Absatz.	Nach Auskunft der Ärzte zog sich das Mädchen einen komplizierten Schulterbruch zu, der einen dreiwöchigen Krankenhausaufenthalt erforderte. Bis zur vollständigen Heilung werden jedoch Monate vergehen.
In einem **Augenzeugenbericht** ist die genaue **zeitliche** Reihenfolge von besonderer Bedeutung, daher werden die Informationen **chronologisch** angeordnet.	*Vater der Reiterin:* lockerer Trab – Einbiegen in Waldweg – plötzliches Scheuen des Pferdes – Aufstellen und Abwurf der Tochter – Sturz auf Schulter ...
In einem **Zeitungsbericht** stehen die **wichtigsten** Informationen am **Anfang**, weniger wichtige am Ende. Frage also: Ist es für den Leser besonders wichtig, <ul><li>wer im Einzelnen beteiligt war,</li><li>wo sich das Ereignis zugetragen hat,</li><li>wann es sich abgespielt hat,</li></ul> <ul><li>welche Folgen der Vorfall nach sich zieht (besonders schwerwiegende)?</li></ul> Auf diese Weise kann der Bericht leicht gekürzt werden, falls kurzfristig über einen weiteren Vorfall berichtet werden muss.	War eine bekannte oder berühmte Persönlichkeit beteiligt (Reiterin oder Vater)? Gab es dort schon einmal einen Unfall? Sind Tag und Tageszeit berichtenswert (Verkehr, Lichtverhältnisse, Wildwechsel)? Wird sie wieder gesund? Wie lange wird sie die Schule nicht besuchen können?

WISSEN

ÜBUNG 8   Der Vorlesewettbewerb: Die Wörter, die den zeitlichen Ablauf der Veranstaltung verdeutlichen, sind durcheinandergeraten. Setze sie richtig ein.

Suterz _____ erklärte Herr Büchle die Wettbewerbsregeln. Andriahuf _____ mussten die vier „Vorleser" aus der sechsten Klasse die Reihenfolge auslosen. Vebro _____ der eigentliche Wettbewerb anfing, trugen drei Schüler aus der Klasse 5a mehrere lustige Gedichte vor.

Nand _____ las Milena N. als erste Kandidatin aus ihrem Buch vor. Dhamcen _____ sie ihren Vortrag beendet hatte, gaben die Schiedsrichter ihre Bewertung ab. Als Snätechr _____ musste Arion B. vorlesen, hacdna _____ Julia K. und zeztult _____ Elise F. In der umgekehrten Reihenfolge wurden leisdannßche _____ die unbekannten Texte vorgelesen. Händwer _____ die Schiedsrichter die Punkte zusammenzählten, führte die Klasse 5b einige Sketche auf.

Lihdcen _____ wurden die Sieger bekannt gegeben: Den ersten Platz belegte Julia aus der Klasse 6c, den 2. Platz Arion aus der Klasse 6a. Las _____ Julia der 1. Preis, ein Bücherpaket, überreicht wurde, jubelten ihre Klassenkameraden begeistert. Handac _____ nahmen die anderen Teilnehmer ihre Trostpreise in Empfang. Diebleschnaß _____ bedankte sich Herr Büchle bei allen Teilnehmern.

ÜBUNG 9   Ordne die Informationen nach Einleitung, Hauptteil und Schluss.

1. | unerwarteter Erfolg | 2. | in der Mehrzweckhalle |

3. | durch schnelle Angriffe und eine starke Abwehr |

4. | überragender Sieg für Anne-Frank-Schule | 5. | sauberes Passspiel |

6. | Teilnahme an der Kreismeisterschaft | 7. | am vergangenen Samstag |

8. | Stadtmeisterschaften im Schul-Basketball |

Einleitung: _____   **Hauptteil:** _____   **Schluss:** _____

ÜBEN

ÜBUNG 10 Welche Einleitung eignet sich am besten für einen Bericht über die Veranstaltung aus Übung 9? Begründe deine Entscheidung.

1. Die Anne-Frank-Schule geht bei den Stadtmeisterschaften am vergangenen Samstag als überragender Sieger hervor.
2. Bei den Stadtmeisterschaften im Schul-Basketball, die am vergangenen Samstag in der Mehrzweckhalle stattfanden, ging die Anne-Frank-Schule als überragender Sieger hervor.
3. Am vergangenen Samstag errang bei den Stadt-meisterschaften im Schul-Basketball die Anne-Frank-Schule einen überragenden Sieg.

Der _____ Einleitungssatz ist der beste, weil

 ÜBUNG 11 Fasse die Informationen jeweils in einem Satz zusammen. Schreibe in dein Übungsheft.

1. Erdbeben / in Panama / über 100 Menschen verletzt / am Mittwoch
2. Polizei / vor unserer Schule / am Montagmorgen / Fahrradkontrolle durch-geführt

 ÜBUNG 12 Im Wortspeicher findest du Informationen zu einem Fahrradunfall. Setze sie in die passenden Lücken ein.

> 13.20 Uhr – Waldstraße – mit seinem Fahrrad – zwölfjährige –
> blockierte – gegen einen Baum – geriet ins Schleudern – von der
> Schule – einer Kurve

Der _____ Lennart F. hatte es offenbar besonders eilig gehabt,

_____ nach Hause zu kommen. Gegen _____ raste er

_____ die abschüssige _____

hinunter. Als er in _____ abbremsen wollte,

_____ das Vorderrad. Der Junge _____ und

prallte _____ , wo er benommen liegen blieb.

ÜBEN

ÜBUNG 13 Formuliere mithilfe der Stichwörter eine knappe Einleitung für den Zeitungsbericht über den Vorfall aus Übung 12. Schaffst du es in einem Satz?

> Fahrradunfall – gestern – Schüler – in Dollberg – so schwer verletzt – Rettungshubschrauber – Krankenhaus

ÜBUNG 14 Stelle den Bericht zu dem Fahrradunfall aus den Übungen 12 und 13 fertig. Fasse dazu die fehlenden Informationen, die du der folgenden Aussage des Augenzeugen entnehmen kannst, in drei Sätzen zusammen. Achte auf die richtige Zeitform!

„Ich bin gerade mit meinem Auto in die Waldstraße eingebogen und vor mir war der Junge mit seinem Fahrrad. Plötzlich schleudert er mitten in der Kurve gegen den Baum. Ich hab natürlich gleich angehalten und nach ihm geschaut. Wie ich gemerkt hab, dass er total benommen ist, hab ich über mein Handy einen Rettungswagen gerufen. Der Notarzt hat festgestellt, dass der linke Oberschenkel und ein Handgelenk gebrochen waren. Da musste ein Rettungshubschrauber kommen. Ja, und damit ist er dann ins Dollberger Krankenhaus gebracht worden."

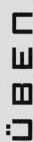

ÜBUNG 15 Auf welche W-Fragen geben die folgenden Informationen Auskunft? Zu welchen W-Fragen findest du keine Angaben? Ergänze die Tabelle. Denke dir die fehlenden Informationen selbst aus.

? – Tausende Jugendliche, Teenieband „Bissige Biester"

? – Konzert, schnell gute Stimmung, hellauf begeisterte Zuhörer

? – mit ihren Hits und Tanzeinlagen, über zwei Stunden

? – Feier des fünfjährigen Bestehens der Band

? – fantastische Stimmung, auch nach dem Konzert

? –

? –

 ÜBUNG 16 Bringe nun die Informationen aus Übung 15 in eine sinnvolle Reihenfolge: Was gehört in die Einleitung, was in den Hauptteil, was in den Schluss? Schreibe dann einen kurzen Bericht über die Veranstaltung in dein Übungsheft.

 ÜBUNG 17 Melissa berichtet über einen Ausflug. Prüfe, ob sie die Informationen sinnvoll angeordnet hat. Markiere die Stellen farbig, an denen Satzbau und Wortwahl eintönig sind. Hat sie die Zeitformen richtig verwendet? Schreibe ihren Text in deinem Übungsheft um und gliedere ihn durch Absätze.

Am letzten Wochenende beschlossen meine Eltern und ich, eine Wanderung zu machen. Zuerst ging es mit dem Auto nach Kleindorf. Wir wollten zu Fuß von Kleindorf zum Kaltensee gehen. Dort haben wir den markierten Wanderweg genommen. Bald ging der Weg auseinander. Da wir keine Markierung fanden, wussten wir nicht, welchen Weg wir gehen sollten. Schließlich gingen wir nach rechts. Der Weg ging zunächst über eine Forststraße. Dann ging er durch ein Birkenwäldchen und wurde immer schmaler und hörte mittendrin einfach auf. Mein Vater wollte zurückgehen, doch ich überredete ihn, durchs Gebüsch weiterzugehen. Schon nach 50 Metern sind wir wieder auf einen Weg gegangen, der an einem Bach entlangging. Wir gingen immer weiter und kamen 30 Minuten später am Kaltensee an. Dann haben wir uns wieder auf den Rückweg gemacht. Wir haben uns zum Glück nicht mehr verlaufen. Vorher haben wir dort ausgiebig Rast gemacht.

ÜBUNG 18   Tabea Groß erzählt ihrer Mutter von der Leistung ihrer Mädchen-Sprintstaffel beim Schulsportfest der Keplerschule. Verfasse einen Zeitungsbericht über die Veranstaltung. Schreibe dazu alle Sachinformationen stichwortartig in die rechte Spalte der Tabelle unten. Bringe sie anschließend in eine sinnvolle Reihenfolge, indem du sie links nummerierst. Formuliere dann deinen Bericht in deinem Übungsheft aus.

Und das Allertollste ist, dass wir auch noch eine neue Bestzeit aufgestellt haben, 54,46 Sekunden, Wahnsinn, oder? Vielleicht klappts jetzt ja auch bei den Stadtmeisterschaften.

Super, Mama, wir haben gewonnen, obwohl unsere Startläuferin Lisa Hoffmann mal wieder die Langsamste war, fast fünf Meter hat die auf die anderen verloren, aber sie ist mit ihren dreizehn Jahren ja auch mehr als ein Jahr jünger als wir anderen.

Zum Glück hat dann unsere Schlussläuferin Anna Paffke die anderen in Grund und Boden gelaufen. Außerdem haben natürlich alle über das schlechte Wetter geflucht.

Ich bin dann ja als Zweite gelaufen und hab schon tüchtig aufgeholt und auch Lena Beyer war toll in Form.

Am Ende hat Herr Fritz, unser Schulleiter, uns allen noch eine Urkunde und diese tolle Medaille gegeben, aber die haben wir uns ja auch echt verdient.

ÜBEN

Thementest 1

 45 Minuten

 AUFGABE 1 Hier sind die Informationen zu zwei verschiedenen Ereignissen durcheinandergeraten. Ordne die Stichpunkte richtig in die Tabelle ein.

> am Samstag gegen 22.40 Uhr – rund 5000 begeisterte Jugendliche – eine 25-jährige Frau und ihr 18-jähriger Komplize – Boygroup „Route 55" – über den Hintereingang in der Schillerstraße – am Samstagabend – kein Bargeld in den Kassen – Einbruch in ein Elektrofachgeschäft – Höhepunkt der Stimmung bei ihrem Riesenhit „Without You" – 50 wertvolle Smartphones erbeutet – mit grünem Kombi geflüchtet – Traurigkeit vor allem bei den vielen weiblichen Fans – zur Neueröffnung des völlig umgebauten Ufer-Palastes – alle Kassen aufgebrochen – letztes Konzert vor Auflösung der Band – alle eigenen Hits sowie mehrere Coversongs

Abschiedskonzert der „Route 55"	Diebe erbeuteten Smartphones

 AUFGABE 2 Bringe die Informationen zu dem Konzert und zu dem Einbruch aus Aufgabe 1 jeweils in eine sinnvolle Reihenfolge und formuliere sie zu Kurzberichten aus. Schreibe in dein Übungsheft.

TESTEN

Thementest 2

🕐 6o Minuten

AUFGABE 3 Verdeutliche den Zusammenhang und verknüpfe die Sätze jeweils zu einem Satz.

1. Eine zwölfjährige Fahrradfahrerin wurde von einem Auto erfasst und schwer verletzt. Sie hatte die Vorfahrt missachtet.

2. Unser Stürmer wurde kurz vor dem Tor unfair gestoppt. Unsere Mannschaft bekam einen Strafstoß zugesprochen.

AUFGABE 4 Ein Pferd hat eine Scheune in Brand gesetzt. Verfasse anhand der mündlichen Aussagen der Augenzeugen einen Zeitungsbericht. Schreibe in dein Übungsheft.

Franz H., Bauer:
„Gleich nach dem Frühstück bin ich in die Scheune. Die Wasserleitung war zugefroren. Da kam mir die Idee, sie mit dem Bunsenbrenner aufzutauen. Das hab ich dann auch versucht. Plötzlich hat der Schweif des Pferdes Feuer gefangen. Und dann ging alles ganz schnell. Das Pferd ist in Panik davongelaufen. Dabei sind die Strohballen in Brand geraten. Und ich hatte kein Wasser! Also bin ich raus, habe meine Frau gerufen und die hat dann die Feuerwehr geholt. Ruckzuck haben sich die Flammen ausgebreitet. Als sie dann beim Dachstuhl waren, kam zum Glück die Feuerwehr."

Peter M., Einsatzleiter der Feuerwehr:
„Ich bin jetzt schon seit über 20 Jahren bei der Feuerwehr in Mannheim, aber dass ein Pferd einen Brand verursacht, das habe ich noch nicht erlebt! Wir hatten das Feuer zum Glück ziemlich schnell unter Kontrolle. Bevor es auf die benachbarten Gebäude übersprang, konnten wir es löschen. Am Schluss haben wir dann noch das Pferd eingefangen."

TESTEN

Abschlusstest

AUFGABE 1 Ordne die Begriffe richtig zu. Wenn ein Begriff in mehrere Spalten passt, trägst du ihn mehrfach ein.

> Rabe und Fuchs – Zugunglück – Unterhaltung – Vogelhaus – Gedanken – Information – Höhepunkt – chronologisch – spannend – sachlich – Präsens – Fachausdrücke – indirekte Rede

Bericht	Beschreibung	Erzählung

AUFGABE 2 Wähle jeweils die treffendste Fortsetzung des Satzes aus.

1. Wir rannten
   - ☐ schnell immer weiter.
   - ☐ wie die Hasen bei der Jagd.
   - ☐ als wären wir auf der Flucht.

2. Die Sonne brannte
   - ☐ und dörrte alles aus.
   - ☐ unerbittlich auf uns herab.
   - ☐ wie ein Lagerfeuer.

3. Vor lauter Angst
   - ☐ konnte ich mich kaum rühren.
   - ☐ wurde ich sogar starr.
   - ☐ atmete ich leiser.

4. Der Sturm tobte
   - ☐ recht stark.
   - ☐ wie ein wild gewordenes Tier.
   - ☐ und fegte die Frisur durcheinander.

TESTEN

AUFGABE 3   Oft lässt sich ein längerer Ausdruck durch ein einziges Wort ersetzen.
Verkürze die hervorgehobenen Satzteile und schreibe den umformulierten Satz auf.

1. Der Täter konnte entkommen, ohne dass ihn jemand erkannte.

   Der Täter

2. Nach der Überschwemmung waren viele Häuser in einem Zustand, dass man
   sie nicht mehr bewohnen konnte.

3. Wir versuchten alles, was uns möglich war, um die Katze zu retten.

4. Der Polizist musste den Eltern sagen, dass etwas passiert ist.

5. Sie sagte, dass sie einen Brand entdeckt hat.

6. Weshalb es zu dem Unfall kam, ist noch ungeklärt.

AUFGABE 4   Die beiden Texte sind Auszüge aus Berichten, und zwar handelt es sich
jeweils um die Einleitung mit dem Übergang zum Hauptteil. Was fällt dir hinsichtlich der
verwendeten Zeiten auf? Markiere die Fehler und verbessere sie am Rand.

1.
> **(COTTBUS)** Schwere Kopfverletzungen erlitt
> ein Motorradfahrer, der auf dem Stadtring
> mit einem Kleintransporter zusammenstieß.
> Der 30-jährige Mann setzte keinen Helm auf,
> weil er nur eine Probefahrt machen wollte.

2.
> **(KÖLN)** Gestern Nacht wurden aus einem
> Fachgeschäft in der Innenstadt kostbare
> Pelze im Wert von 300 000 Euro gestohlen.
> Die Täter hoben die Eingangstür aus den
> Angeln und drangen in die Verkaufsräume
> ein.

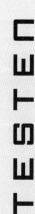

75

AUFGABE 5 Personenbeschreibung: Sieh dir die Fotos und die Angaben zu den Personen an und formuliere jeweils einen Einleitungssatz.

1. Schüler, 18 Jahre

2. Vater, 37 Jahre; Tochter, 5 Jahre

 AUFGABE 6 Erzählen nach Reizwörtern: Verfasse zu dem Thema aus dem Wortspeicher eine spannende Geschichte und verwende dabei alle vorgegebenen Wörter. Schreibe den Aufsatz in dein Übungsheft und gib ihm eine treffende Überschrift.

> **Thema:** Mein(e) Freund(in) und ich finden einen Schatz
> **Reizwörter:** Straßenverbreiterung – Abriss – Schatz

Tipp:
Wenn eine Straße verbreitert werden soll, werden manchmal Häuser abgerissen. Eigentlich darf man solche leer stehenden Häuser nicht betreten. Dein Freund oder deine Freundin und du tun es trotzdem. Welchen Schatz könntet ihr finden? Vielleicht alte Münzen, die die Bewohner des Hauses im Krieg versteckt hatten? Oder etwas anderes? Was fällt dir dazu ein?

TESTEN

AUFGABE 7 Das Rahmenthema lautet: *Ich habe etwas verloren.* Sammle Ideen, indem du dir Notizen zu den Fragen machst. Schreibe dann eine unterhaltsame und vielleicht sogar lustige Erlebniserzählung in dein Übungsheft.

1. **Was** könntest du verloren haben?

2. **Wo** könntest du es verloren haben?

3. **Wo** könntest du es wiederfinden?

4. **Wie** könntest du es wiederfinden?

AUFGABE 8 Vorgangsbeschreibung: Zum Ablauf einer Klassensprecherwahl findest du unten die einzelnen Schritte. Bringe sie in eine sinnvolle Reihenfolge, indem du sie nummerierst. Schreibe dann die Vorgangsbeschreibung in dein Übungsheft.

Klassensprecher ist der Kandidat mit den meisten Stimmen

Vorgeschlagene Schüler fragen, ob sie kandidieren wollen

Wahlteam zählt die Stimmen aus

Freiwilliges Wahlteam aus 2 Schülern leitet die Wahl

Wahlteam sammelt Vorschläge für geeignete Kandidaten

Schüler, die sich zur Wahl stellen, an die Tafel schreiben

Wahlzettel einsammeln

Gewählte Schülervertreter nehmen die Wahl an

Wahlteam gibt Ergebnis bekannt

Bei Stimmengleichstand Stichwahl durchführen

Jeder schreibt Wunschperson von der Wahlliste auf einen Wahlzettel

Kandidat mit zweitbestem Ergebnis ist Stellvertreter

TESTEN

AUFGABE 9 Vier Mädchen erzählen von einem nächtlichen Vorfall. Unterstreiche zuerst alle Sachinformationen. Schreibe sie dann untereinander auf und bringe sie dabei in eine sinnvolle Reihenfolge.

Die Klasse 6 der Erich-Kästner-Realschule verbringt ihre Klassenfahrt im Jugend-gästehaus. Frau Froehlingsdorf, die Klassenlehrerin, schläft noch, als vier Mädchen morgens um 7 Uhr an ihre Tür klopfen und dann aufgeregt ins Zimmer kommen:

Anna: Frau Froehlingsdorf! Heute Nacht! Sie glauben nicht, was wir da erlebt haben!

Lena: Ich hätte auch nie gedacht, dass so etwas passiert. Ich habe tief geschlafen, als ich plötzlich Mia schreien hörte.

Mia: Wenn du hörst, wie jemand langsam die Klinke herunterdrückt und dann siehst, wie jemand mit einer Taschenlampe durch den Raum leuchtet, dann möchte ich dich mal hören! Erst dachte ich, es sei einer von den Jungen, der uns erschrecken wollte. Aber als dann eine vermummte Person, ungefähr so groß wie mein Vater, das Zimmer betrat und zielstrebig auf die Schränke zuging, da musste ich ihn doch irgendwie davon abhalten.

Sarah: Das war genau richtig. Dein Geschrei hat seinen Zweck erfüllt. Der Dieb ist sofort aus dem Zimmer gerannt. Und zwar bevor er etwas stehlen konnte.

Anna: Ich bin sofort aus dem Bett gesprungen und habe auf dem Flur nachgese-hen, wo er hinrennt. Er ist durch das Treppenhaus nach unten gerannt.

Lena: Ich bin auch auf den Flur gerannt und konnte erkennen, dass die Person eine schwarze kurze Daunenjacke trug.

Anna: Ich schätze, dass die Person 1,80 m groß war. Außerdem trug sie eine rot-schwarz gestreifte Mütze.

Mia: Ich habe sofort auf meinen Wecker geschaut: Es war 5.30 Uhr. Schade, dass wir den Typen nicht erwischt haben.

Frau Froehlingsdorf: Stopp! Geht jetzt bitte wieder in euer Zimmer zurück. Ich schreibe noch schnell einen Bericht für die Hausverwaltung.

AUFGABE 10 Schreibe den Bericht der Lehrerin zu dem Vorfall aus Aufgabe 9. Benutze dazu dein Übungsheft.

TESTEN

1 Erzählen

ÜBUNG 1 S. 7
richtig: 2., 3., 6., 7., 8., 10., 11.
falsch: 1., 4., 5., 9., 12.

ÜBUNG 2 S. 7
Niklas hält die Erzählzeit nicht ein: Er wechselt vom Präteritum ins Präsens. Du solltest folgende Verben korrigiert haben:
Eines Tages trafen sich zwei Ziegenböcke an einem reißenden Bach, über den ein schmaler Steg **führte**. „Geh mir aus dem Weg!", **rief** die erste Ziege und **senkte** drohend ihre Hörner. „Was glaubst du, wen du vor dir hast?", **schnaubte** die zweite Ziege wütend und setzte zum Angriff an.

ÜBUNG 3 S. 8
Lösungsvorschlag:
sagen: erklären, behaupten, antworten, entgegnen, erwidern, flüstern, murmeln, rufen, schreien, drohen, schimpfen, stottern …
denken: überlegen, ausklügeln, sich Gedanken machen, sich etwas durch den Kopf gehen lassen, sich den Kopf zerbrechen, grübeln, rätseln, sich fragen, eine Idee haben, vermuten, sich vorstellen, zweifeln …
gehen: laufen, rasen, eilen, sich sputen, stürmen, hetzen, spazieren, schleichen, schlendern, humpeln, ausreißen, aufbrechen …
lustig: fröhlich, munter, fidel, komisch, witzig, heiter, vergnüglich / vergnügt, gut gelaunt, geistreich, humorvoll, spaßig, ulkig …
klein: niedrig, winzig, mickrig, unscheinbar, zierlich, kümmerlich, eng, bescheiden, beschränkt, spärlich, unbedeutend, gering …
Haus: Gebäude, Bau(werk), Wohnung, Anwesen, Bungalow, Villa, Hütte, Unterkunft, Bleibe, Heim, das Zuhause, Wolkenkratzer, Wohnanlage …

ÜBUNG 4 S. 8
Lösungsvorschlag:
1. wundervollen / prächtigen / fantastischen / herrlichen Geburtstagstorte
2. hübsches / prachtvolles / majestätisches Pferd
3. herrliche / prunkvolle Säle
4. herrliche / wundervolle / traumhafte Bucht

ÜBUNG 5 S. 9
2. pfeilschnell / blitzschnell
3. federleicht

4. grasgrün
5. hundemüde
6. eiskalt / bitterkalt
7. stockdunkel
8. patschnass / tropfnass
9. steinhart
10. butterweich

ÜBUNG 6 S. 9
1. … stur wie ein **Esel**.
2. … wie ein **Elefant** im Porzellanladen.
3. … wie ein **Schlosshund**.
4. … wie ein **Wasserfall**.
5. … schwer wie **Blei**.
6. … wie vom **Erdboden** verschluckt.

ÜBUNG 7 S. 9
keinen Finger krumm machen
sich mächtig ins Zeug legen
sich vor lauter Lachen biegen
allen Mut zusammennehmen
kein Auge zumachen
vor Schreck den Atem anhalten
in die Länge ziehen

ÜBUNG 8 S. 10
Lösungsvorschlag:
gute Gefühle: Freude, Glück, Liebe, gute Laune, Zufriedenheit, Stolz, Bewunderung, Mut, Erleichterung, Ausgelassenheit …
schlechte Gefühle: Trauer, Furcht, Angst, Schmerz, Kummer, Verzweiflung, Wehmut, Entsetzen, Wut, Zorn …

ÜBUNG 9 S. 10
Lösungsvorschlag:
1. Sarah freute sich, dass sie auf eine große Party eingeladen war.
2. Leonie war genervt, denn sie hatte über eine Stunde auf ihre Freundin gewartet.
3. Paul war aufgeregt, da er zum ersten Mal an einem Stadtlauf teilnahm.
4. Niklas stellte enttäuscht fest, dass seine Mannschaft Tabellenletzter war.

ÜBUNG 10 S. 11
Niklas: „Bald ist auch noch die Saison zu Ende, da ist nicht mehr viel zu retten."
Paul: „Eigentlich habe ich ja genug trainiert. Ob ich das wirklich schaffe?"
Leonie: „Hoffentlich hast du eine gute Entschuldigung!"
Sarah: „Das wird bestimmt ein ganz toller Abend!"

ÜBUNG 11 S. 11

Der Text von Hannes ist lebendiger und spannender, weil er
– abwechslungsreich schreibt: keine Wortwiederholungen, unterschiedliche Satzanfänge;
– in der Einleitung die Ausgangssituation anschaulich erzählt (Paul wippte ein wenig zur Musik …);
– Spannung aufbaut: Er verrät nicht gleich, warum der Vater bremsen muss; besonders die Frage „Doch was war das?" und der Ausruf „Achtung! Halt!" steigern die Spannung;
– die Stelle, auf die es ankommt, gut ausgestaltet: Er verwendet wörtliche Rede, stellt Gedanken, Gefühle und Geräusche dar, am spannendsten Punkt wählt er kurze Sätze.

ÜBUNG 12 S. 12

Lösungsvorschlag:
Gestern Abend spielten wir „Das Nilpferd auf der Achterbahn".
Als Erstes bekam meine Schwester die Aufgabe, rückwärts auf einem Bein um den Tisch zu hüpfen. Danach musste mein Vater ein Lied gurgeln, das wir erraten sollten. Er sang „Hänschen klein", sodass wir aus vollem Halse lachten. Schließlich war ich an der Reihe und musste fünf Begriffe nennen, die mit C anfangen. Die anderen rieten mit und halfen mir.
Nachdem wir gegen 22 Uhr aufgehört hatten zu spielen, fielen wir todmüde ins Bett.

ÜBUNG 13 S. 12

Lösungsvorschlag:
Als Sarah aufstand und gähnend den Rollladen hochzog, dachte sie zuerst, dass sie träumte. Was stand denn da auf der Wiese? Sarah rieb sich die Augen. „Das ist ja der Wahnsinn!", jubelte sie, und raste sofort in den Garten hinunter. Dort stand es. Groß und breit. Sie konnte es kaum glauben. Ihr Herz raste. Es war genau das Trampolin, das sie sich schon so lange gewünscht hatte! Da hörte sie ihre Eltern rufen: „Herzlichen Glückwunsch zum Geburtstag, liebe Sarah!"

ÜBUNG 15 S. 15

1. Es soll dort etwas holen (Bier, Kartoffeln).
2. Weil es Angst vor der Kellerkatze hat.
3. Nein. (Zeile 10: „Niemand außer mir konnte sie sehen, und doch war sie da.")
4. Die Katzenaugen, die das Licht reflektieren und im Dunkeln auf das Kind bedrohlich wirken.

5. Das Kind will der Mutter beweisen, dass es sich die Kellerkatze nicht nur eingebildet hat.
6. Nein, nur das Kind sieht sie.
7. Im spannendsten Moment fällt das Licht aus.

ÜBUNG 16 S. 16

1. Der Leser will wissen, was es mit der Kellerkatze auf sich hat.
2. Nein. Das Kind ist am Ende immer noch überzeugt, dass es die Kellerkatze wirklich gibt, während für die Mutter klar ist, dass es sich um eine Einbildung handelt.

ÜBUNG 17 S. 16

Textstellen: „ich fürchtete mich" (Z. 11) – „wollte gar nicht hingucken" (Z. 24) – „Hände feucht", „Herz klopfte" (Z. 25) – „wie gelähmt", „Stumm vor Entsetzen" (Z. 31) – „sah plötzlich doppelt so groß aus" (Z. 32) – „Ihr Schwanz peitschte drohend hin und her." (Z. 33 f.) – „schrie auf" (Z. 38)
Lösungsvorschlag: beklommen sein, schaudern, grauen / grausen / gruseln, angst und bange werden, eine Gänsehaut haben, weiche Knie bekommen, vor Angst sterben / zittern, Blut und Wasser schwitzen, die Kehle ist wie zugeschnürt, Panik bekommen, zu Tode erschrecken

ÜBUNG 18 S. 16

1. Das Kind fürchtet sich davor, in den Keller zu gehen, weil dort die Kellerkatze ist.
2. Die Mutter geht mit dem Kind in den Keller.
3. Das Kind zeigt, wo die gefürchtete Kellerkatze sitzt, doch die Mutter sieht sie nicht.
4. Das Kind beobachtet mit wachsender Angst, wie sich die Mutter der Kellerkatze nähert und von ihr bedroht wird.
5. Das Licht fällt aus und das Kind schreit.
6. Die Mutter versucht, das Kind zu beruhigen, und führt es aus dem dunklen Keller wieder nach oben.

ÜBUNG 19 S. 16

Prüfe anhand der Lösung von Übung 18, ob in deiner Nacherzählung **alle Handlungsschritte** in der richtigen Reihenfolge enthalten sind.
Hast du im **Präteritum** erzählt?
Dein Text könnte so beginnen:
Verärgert schüttelte meine Mutter den Kopf. Ich sollte im Keller Kartoffeln holen und sie hielt meine Furcht für eine faule Ausrede. Dabei lauerte dort auf dem alten Bettgestell wirklich die bedrohlichste Kellerkatze, die man sich nur vorstellen konnte.

LÖSUNGEN

„Ich kann da nicht runtergehen. Bitte," flehte ich, „bitte geh mit! Ich zeige sie dir!" Meine Mutter atmete tief durch und kam schließlich mit. Vor der schweren Tür, hinter der die dunkle Welt des Kellers begann, warnte sie mich noch einmal eindringlich davor, sie anzulügen ...

ÜBUNG 20 S. 18
Vgl. Übung 21.

ÜBUNG 21 S. 19
Die Bilder sind in folgender Reihenfolge abgedruckt: 3, 6, 2, 1, 5, 4.
1. Ankunft am Hotel. Der Vater und die Tochter laden die Koffer aus dem Auto.
2. Der Vater trägt die Koffer ins Hotelzimmer. Die Tochter hüpft freudig auf dem Bett.
3. Die Familie (Mutter, Vater, Tochter) packt die Koffer aus. Die Tochter bemerkt, dass der Hund nicht da ist. Alle sehen besorgt aus.
4. Die Familie sucht den Hund im Ort. Tochter zeigt auf etwas.
5. Der Hund ist bei der Imbissbude.
6. Die Tochter gibt dem Hund eine große Wurst. Sie freut sich.

ÜBUNG 22 S. 19
1. Einleitung: Bild 1 und Bild 2
2. Hauptteil: Bild 3, Bild 4 und Bild 5
3. Schluss: Bild 6

ÜBUNG 23 S. 19
1. Die Familie fährt zum Sommerurlaub in die Berge und kommt am Hotel an. Die Koffer werden ausgeladen.
2. Der Vater trägt die Koffer ins Hotelzimmer. Die Tochter hüpft freudig auf dem Bett.
3. Die Eltern packen die Koffer aus. Da bemerkt die Tochter, dass der Hund nicht da ist. Alle sind besorgt.
4. Die Familie läuft durch den Ort und sucht den Hund. Sie rufen nach ihm.
5. Sie entdecken den Hund an der Imbissbude.
6. Die Tochter freut sich sehr und gibt dem Hund eine große Wurst.

ÜBUNG 24 S. 19
1. Bild 4   **2.** Bild 3 oder Bild 4
3. ungeeignet (Polizei ist auf keinem Bild)
4. Bild 3   **5.** Bild 3
6. ungeeignet (Kirche spielt keine Rolle)
7. Bild 5   **8.** Bild 3 oder Bild 4
9. Bild 5   **10.** Bild 4

ÜBUNG 25 S. 19
Lösungsvorschlag:
Unser Bello ist wirklich ein schlaues Hündchen. Als wir im letzten Sommer nach einer langen Fahrt endlich in den Bergen ankamen, waren wir alle froh, am Ziel zu sein.
Wir bezogen unser schönes Hotelzimmer und packten die Koffer aus. Plötzlich fiel mir auf, dass Bello nicht da war. „Wo ist Bello?", fragte ich. Doch niemand von uns hatte ihn im Hotel gesehen. Ich erschrak: „Wir müssen ihn sofort suchen! Hoffentlich finden wir ihn wieder!" Wir ließen alles liegen und stehen. Während wir durch das Dorf liefen, riefen wir immer wieder nach Bello. „Jetzt haben wir schon überall gesucht!", sagte meine Mutter verzweifelt. Doch da entdeckte ich etwas.
Schnell ging ich auf die Würstchenbude an der Straßenecke zu. Na, das sah ihm ähnlich! Unser Bello hatte wohl so großen Hunger, dass er sich einfach selbst auf die Suche nach etwas Essbarem gemacht hatte.
Ich kaufte ihm also eine große Wurst und wir waren beide sehr glücklich.

ÜBUNG 26 S. 20
Die Bilder sind in folgender Reihenfolge abgedruckt: 3, 2, 6, 1, 4, 5.

ÜBUNG 27 S. 20
Die Erzählschritte:
Bild 1: Max spielt mit seinen Freunden Fußball. Er will gerade dem gegnerischen Spieler den Ball abnehmen.
Bild 2: Max ist im Zweikampf gefoult worden und glaubt, dass es Absicht war. Er hat große Schmerzen.
Bild 3: Der andere Junge ruft über sein Handy den Notarzt herbei.
Bild 4: Max wird mit dem Krankenwagen abgeholt.
Bild 5: Max wird untersucht. Sein Fußgelenk ist gebrochen. Die Worte des Arztes machen ihn nachdenklich.
Bild 6: Der andere Junge besucht Max im Krankenhaus und bringt ihm einen großen Eisbecher mit.
Wenn du unsicher bist, ob du beim Erzählen alles richtig gemacht hast:
– Lies die Wissensseite von Kap. 1.3 genau durch.
– Prüfe anhand der Wissensseiten von Kap. 1.1, ob du es verstanden hast, abwechslungsreich und anschaulich zu erzählen.

ÜBUNG 29 S. 22

Die Abschnitte 6., 7., 10. und 11. gehören zum vorgegebenen Erzählkern.

ÜBUNG 30 S. 22/23

1. Diese Einleitung solltest du nicht nehmen, da sie langweilig ist. Sie enthält Einzelheiten (das Schwimmen), die nichts mit der eigentlichen Geschichte zu tun haben.
2. Diese Einleitung eignet sich sehr gut, da der Einstieg mit wörtlicher Rede lebhaft wirkt.
3. Diese Einleitung ist ebenfalls geeignet, aber gewagt, da die Geschichte mit dem Höhepunkt anfängt. Spannend kann anschließend erzählt werden, wie sich der Vorfall ereignet hat und wie der Dackel befreit wird.

ÜBUNG 31 S. 23

Lösungsvorschlag für Einleitung 2. (s. oben):
1. Ich binde Felix vor dem Geschäft an, um für meine Mutter Zucker zu kaufen.
2. Ich muss lange an der Kasse anstehen.
3. Ich komme aus dem Geschäft. Felix ist weg.
4. Ich suche Felix.
5. Ein Schäferhund macht mich auf den Papiercontainer aufmerksam.
6. Ich gehe zum Container und höre Felix darin winseln.
7. Ich bitte die Halterin des Schäferhundes, vor dem Container zu bleiben.
8. Ich laufe nach Hause.
9. Mama benachrichtigt die Polizei.
10. Die Polizei holt Felix aus dem Papiercontainer heraus.
11. Ich nehme Felix glücklich in den Arm.

ÜBUNG 32 S. 23

Lösungsvorschlag:
Rettung für Felix
„Felix, du musst draußen bleiben. Ich bin gleich wieder da." Ich band meinen Dackel an den Fahrradständer und ging in das Geschäft, um für meine Mutter Zucker zu kaufen. An der Kasse warteten viele Kunden. Deshalb war ich erst nach zehn Minuten wieder zurück.
Doch wo war Felix? Am Fahrradständer war er nicht! „Felix! Felix!" Wo war er nur geblieben? Hatte er sich losgerissen? „Felix!" Ich suchte meinen Dackel auf dem Parkplatz, fand ihn aber nirgends. War er etwa schon nach Hause gelaufen?

Auf einmal bemerkte ich einen Schäferhund, der nervös vor einem Papiercontainer herumlief. Er fing an zu bellen und kratzte an dem Behälter. „Was hat das zu bedeuten?", fragte ich mich und ging vorsichtig zu ihm hin. Da hörte ich es – ein Jaulen. Das war Felix! Im Container! Ich bat die Besitzerin des Schäferhundes, die inzwischen herbeigekommen war, auf Felix aufzupassen. Schnell lief ich nach Hause, um es meiner Mutter zu erzählen. Sie rief sofort die Polizei an, die Felix kurz darauf aus dem Papiercontainer befreite.
Man kann sich denken, wie glücklich der verängstigte Hund war. Felix sprang an mir hoch. Ich nahm ihn erleichtert auf den Arm. Vor Freude leckte er mein ganzes Gesicht ab.

ÜBUNG 33 S. 23

Lösungsvorschlag:
1. Oma könnte mich in die Küche schicken, um etwas zu trinken zu holen. – Sie könnte Spielfiguren umstoßen. – Sie könnte einen besonderen Würfel verwenden.
2. Ich könnte verlieren und mich ärgern, dies meiner Oma aber nicht zeigen. – Ich könnte trotzdem gewinnen und Oma ärgert sich sehr.

ÜBUNG 34 S. 24

Nur bei 4. und 5. ist Nein anzukreuzen:
4. Daniel hat die **Erzählperspektive nicht eingehalten:** Sein Aufsatz steht in der Er-Form, der Erzählanfang gibt jedoch die Ich-Form vor.
5. Er hat **keine wörtliche Rede verwendet.**

ÜBUNG 35 S. 24

Lösungsvorschlag:
Meine Oma habe ich wirklich sehr lieb. Sie hat nur einen Fehler: Beim „Mensch ärgere dich nicht" schummelt sie, wo sie nur kann. So war es auch am letzten Sonntag.
Nachdem wir das Spiel aufgebaut und einige Spielzüge gemacht hatten, sagte sie zu mir: „Ich habe die Limonade und die Kekse vergessen. Geh bitte in die Küche und hole sie!"
Als ich schnell ins Wohnzimmer zurückkam, sah ich gerade noch, wie Oma eine ihrer gelben Figuren umstellte.
„Hast du schon wieder gemogelt, Oma!", rief ich empört. „Aber mein Schatz, was denkst du von mir", sagte Oma lächelnd.
Wir spielten weiter. Nach kurzer Zeit stieß Oma ungeschickt eine Figur auf den Boden. Ich bück-

te mich, um sie aufzuheben. Schon wieder! Ich konnte eindeutig erkennen, dass Oma eine von meinen roten Figuren verschwinden ließ. Weil ich aber meine Oma so gern habe, sagte ich nichts.

Dafür passte ich nun umso besser auf! Trotzdem siegte meine Oma. Sie jubelte: „Ha, gewonnen! Du lernst es wohl nie!"

Obwohl sie zweimal geschummelt hatte, ärgerte ich mich wahnsinnig. Das zeigte ich ihr aber nicht.

ÜBUNG 36 S. 25

1. Möglichkeit: Eulenspiegel macht die Magdeburger zu Narren. – Er könnte z. B. oben stehen bleiben und die Leute auslachen, weil sie es für möglich gehalten hatten, dass er fliegen könne.
2. Möglichkeit: Eulenspiegel macht den Bürgermeister zum Narren. – Er könnte z. B. mit einem Trick vom Rathauserker „fliegen" und an einem Seil herunterrutschen. Der Bürgermeister, der ihn durchschaut und es ihm nachmachen will, stürzt; er war zu schwer für das Seil.

ÜBUNG 37 S. 25

Lösungsvorschlag:
Eulenspiegel rief der Menge zu: „Tretet zurück, damit ihr in Sicherheit seid, wenn ich fliege!"
Die Zuschauer gingen zur Seite und ließen einen weiten Platz um den Rathausgiebel frei. Wie ein Vogel wedelte Eulenspiegel mit seinen Armen und schwebte auf den Markplatz hinab. Begeistert klatschten die Leute und gaben ihm unzählige Goldstücke.
Der Bürgermeister jedoch hatte durchschaut, dass Eulenspiegel einen Trick angewandt hatte und in Wirklichkeit an einem Seil hinuntergerutscht war.
„Ich kann auch fliegen!", rief der Bürgermeister den Leuten zu. Überrascht blickten alle nach oben. Doch der Bürgermeister hatte nicht bedacht, dass er viel schwerer als Eulenspiegel war. Das Seil riss und er stürzte mitten auf den Marktplatz. Da sagte Eulenspiegel:
„Die Magdeburger haben einen Bürgermeister, der ist noch ein größerer Narr als ich!"

ÜBUNG 38 S. 25

Lösungsvorschlag:
Aufregung beim Klassenausflug
„Oh, wie viele Säle sind das denn noch? Ich kann nicht mehr!", stöhnte ich. Elena gähnte: „Absolut langweilig!" Wir waren müde, da wir

am Abend zuvor Elenas Geburtstag gefeiert hatten. Offenbar interessierte sich unsere Lehrerin als Einzige auch nach 35 prunkvollen Räumen noch für alle Einzelheiten.
Als die Schlossbesichtigung endlich zu Ende war, zählte unsere Lehrerin die Schüler im Bus durch. Einer fehlte!
„Wer vermisst seinen Sitznachbarn?", fragte sie. „Elena ist nicht da!", rief ich aufgeregt. Sie war weder im Bus noch stand sie davor. Auch im Kassenraum und auf der Toilette war sie nicht zu finden.
„Vielleicht ist sie in irgendeinem Saal geblieben?", vermutete ich. Eilig ging ich mit unserer Lehrerin noch einmal zurück. Wir berichteten der Schlossführerin, dass wir eine Schülerin vermissten. Daraufhin führte sie uns erneut durch das ganze Schloss.
Und wo fanden wir Elena? In einem Himmelbett. Seelenruhig schlief sie dort – wie eine Prinzessin.

ÜBUNG 39 S. 27

Die erste Idee (Zugfahrt) eignet sich gut, denn die Geschichte ist glaubwürdig und kann spannend ausgestaltet werden.
Die zweite Idee eignet sich nicht für eine Erlebniserzählung, denn sie ist unglaubwürdig: Der riesige Fisch mit den glutroten Augen passt eher in eine Fantasiegeschichte.

ÜBUNG 40 S. 27

Prüfe deine Ideen: Ist die Geschichte glaubwürdig? Ist das Ereignis erzählenswert?

ÜBUNG 41 S. 28

Einleitung:
Fahrt zu den Großeltern mit der Bahn
zum ersten Mal alleine reisen
Hauptteil:
im Zug eine spannende Detektivgeschichte lesen
die Zielstation verpassen
die Großeltern über Handy informieren
Schluss:
Großeltern kommen zum nächsten Bahnhof
Ausstieg beim nächsten Halt

ÜBUNG 42 S. 28

Lösungsvorschlag:
1. Wahrnehmung: Die anderen Reisenden im Abteil nahm ich überhaupt nicht mehr wahr. Ich war völlig ins Buch vertieft.

Gedanken: Wie geht die Geschichte weiter? Findet der Detektiv endlich die richtige Spur? Gefühle: Gefesselt von der Geschichte und voller Neugier blätterte ich um.

2. Wahrnehmung: Es ruckelte ein wenig, als der Zug wieder anfuhr. Ich sah aus dem Fenster und las das Schild, das langsam an mir vorbeizog – „Bonn".

Gedanken: Das darf doch nicht wahr sein! Ich muss hier raus!

Gefühle: Mich durchfuhr ein großer Schreck. Panisch sprang ich auf.

ÜBUNG 45 S. 30

1. Elefanten tragen Touristen nicht durch den Dschungel. Ein kleiner Frosch kann nicht auf einen Elefanten springen. Ein Affe im Dschungel klaut keine Bonbons aus der Hosentasche. Im Dschungel nimmt man zunächst an, dass eine Schlange giftig ist. In einem Dschungeldorf gibt es keinen Arzt, der einem eine Spritze geben könnte.

2. Frosch, Affe, Schlange

3. Zeile 10: ... lachten uns kaputt.
Zeile 12: Wie von allen guten Geistern verlassen
Zeile 17 f.: ... damit das Gift nicht noch woanders hinkommt.

4. Beispiel: Zeile 8: „Hilfe!", schrie meine Mutter plötzlich. – Zeile 13: „Schau mal, Papa! Was für eine schöne, grüne Schlange!", rief ich.

5. Absätze: Zeile 2 nach: ... erlebt.
Zeile 3 nach: ... anzusehen.
Zeile 7 nach: ... los.
Zeile 10 nach: ... kaputt.
Zeile 13 nach: ... Hosentasche.
Zeile 24 nach: ... durfte.

6. Ja.

ÜBUNG 46 S. 30

Hier gibt es keine Musterlösung.

ÜBUNG 47 S. 32

F: 1., 2., 3., 5. **E:** 4., 6.

ÜBUNG 48 S. 32

Lösungsvorschlag:
1. Mathematik
2. Die Eltern schimpfen. – Ich lege mich aufs Bett und schlafe ein. – Im Traum zeigt mir ein Mädchen das Zaubergerät.
3. Es programmiert mir das Prozentrechnen ein.
4. Ich wache wieder auf.

5. Mein Lehrer staunt, denn ich löse plötzlich alle Aufgaben im Prozentrechnen richtig.

ÜBUNG 49 S. 33

Der Text ist **etwas zu lang,** überflüssige Sätze: ~~Seit mehreren Monaten kassierte ich eine Sechs nach der anderen. Mit etwas Glück schaffte ich zwischendurch auch mal eine Fünf.~~

ÜBUNG 50 S. 33

Lösungsvorschlag (Fortsetzung nach Einleitung aus Übung 49 – Hauptteil und Schluss):
Da fand ich mich in einem bequemen Sessel zusammen mit einem blassen, aber netten Mädchen. „Oh, du bist neu hier?", fragte sie. „Warum siehst du so verdrießlich aus?" Ich versuchte zu lächeln und antwortete: „Ich habe mal wieder eine Sechs in Mathe geschrieben. Ich verstehe das Prozentrechnen einfach nicht!" „Ah, du gehörst wohl noch zu den Menschen, die alles selbst lernen mussten", stellte sie fest. „Jetzt haben wir es einfacher."
Kurzerhand holte sie einen kleinen Apparat, der so aussah wie ein Handy. Sie tippte „Prozentrechnen" ein und befahl: „Halte das Gerät an deinen Kopf. Dann werden deine Gehirnzellen aufs Prozentrechnen programmiert." Das Zauberhandy war federleicht. Ich hielt es an meine Schläfe. Plötzlich verstand ich alles! Im Kopf konnte ich ausrechnen: 5,5 Prozent von 45000 ... 2475. Darüber war ich so erstaunt und gleichzeitig erschrocken, dass ich aufwachte.
Am nächsten Schultag verblüffte ich meinen Mathematiklehrer. Er stellte mir eine Aufgabe nach der anderen – und ich konnte sie alle richtig ausrechnen. Offenbar waren mir meine neuen Fähigkeiten erhalten geblieben und ich bekam eine Eins.
Dass ich mit dem Zaubergerät nicht gleich das Mathematikbuch des nächsten Schuljahrs in meinen Kopf einprogrammiert hatte, ärgerte mich daraufhin. Aber vielleicht träume ich noch einmal.

ÜBUNG 51 S. 33

Hier gibt es keine Musterlösung. Wenn du unsicher bist, ob du alles richtig gemacht hast:
– Lies dir die Wissensseite zur Fantasiegeschichte nochmals durch.
– Prüfe anhand der Wissensseiten von Kap. 1.1, ob du es verstanden hast, abwechslungsreich und anschaulich zu erzählen.

LÖSUNGEN

Thementests

AUFGABE 1   S. 34

1 = c)	2 = g)	3 = a)	4 = e)
5 = d)	6 = f)	7 = b)	

AUFGABE 2   S. 34
Einleitung: 1 c), 2 g)
Hauptteil: 3 a), 4 e), 5 d), 6 f)
Schluss: 7 b)

AUFGABE 3   S. 34
Kontrolliere anhand der Wissensseiten von Kap.
1.1 und Kap. 1.4, ob du es verstanden hast, die
Vorlage lebendig auszugestalten.

AUFGABE 4   S. 35
Ich fahre alleine mit der Bahn zu Tante Moni
nach Freiburg.
Der Zug hat 40 Minuten Verspätung.
Tante Moni ist bei der Ankunft nicht am Bahn-
steig.
Beim Warten werde ich unruhig.
Ich mache mich auf die Suche.
Am Haupteingang treffe ich Tante Moni.
Sie musste die Parkzeit verlängern.

AUFGABE 5   S. 35
Die Einleitung von Vanessa ist langatmig, denn
sie enthält zu viele unwichtige Einzelheiten.
Auch sprachlich ist sie wenig abwechslungsreich.
Die ersten 5 Zeilen können weggelassen werden. Deine Einleitung könnte z. B. so beginnen:
„Tante Moni holt dich am Bahnsteig ab," rief
meine Mama, und schon schlossen sich die
Türen des Intercitys. Auf die Ferien hatte ich
mich diesmal besonders gefreut, weil ich ganz
alleine zu meiner Tante nach Freiburg fahren
durfte ...

AUFGABE 6   S. 35
Wenn du unsicher bist, ob du alles richtig
gemacht hast, prüfe anhand der Wissensseiten
von Kap. 1.1, ob du es verstanden hast, abwechslungsreich und anschaulich zu erzählen.

Überschrift:
1. Sie eignet sich weniger, da sie langweilig ist.
2. Sie ist nicht geeignet, weil sie zu viel verrät.
3. Diese eignet sich am besten, da sie den Kern
der Erzählung trifft und neugierig macht.

AUFGABE 7   S. 36
Erlebniserzählung: Die Mutprobe, Die Geburts-
tagsüberraschung, Glück im Unglück, So ein
Pech!
Fantasiegeschichte: Eine Nacht im Affenkäfig,
Das sprechende Reh, Die verhexte Lehrerin, Spa-
ziergang im Weltall
~~Mein Füller, Wie man Pfannkuchen zubereitet~~

AUFGABE 8   S. 36
Kontrolliere anhand der Wissensseiten von Kap.
1.1, Kap. 1.4 (Erlebniserzählung) und Kap. 1.5
(Fantasiegeschichte), ob du beim Erzählen alle
wichtigen Punkte berücksichtigt hast.

2 Beschreiben

ÜBUNG 1   S. 38
sachliche Sprache – Fachbegriffe – abwechslungsreiche Sprache – informieren – Präsens –
Genauigkeit – treffende Adjektive – klar und
verständlich

ÜBUNG 2   S. 38

E: 1., 3., 6.	B: 2., 4., 5., 7.

ÜBUNG 3   S. 38

Hut: geschmückt	Zimmer: geräumig
Griff: auffällig	Teppich: verschmutzt
Fell: getigert	

ÜBUNG 4   S. 39

1. groß – **klein**	2. lang – **kurz**
3. starr – **biegsam**	4. schmal – **breit**
5. grob – **fein**	6. unscheinbar – **auf-fällig**
7. matt – **glänzend**	8. rau – **glatt**
9. rund – **eckig**	10. einfarbig – **bunt**
11. oberhalb – **unterhalb**	12. spitz – **stumpf**
13. veraltet – **modern**	14. tief – **flach**
15. dunkel – **hell**	16. fest – **locker**
17. verziert – **schlicht**	18. schwach – **stark**
19. weich – **hart**	20. rechts – **links**

ÜBUNG 5   S. 39
Mein Bücherregal ist aus dunklem Holz ~~und
passt deshalb gar nicht zu meinen anderen,
weißen Möbeln. Ich habe es von meinem Bruder bekommen, er hat dafür jetzt ein neues.~~ Es
ist zwei Meter hoch, einen Meter breit und 40
Zentimeter tief. Unterteilt ist es in sechs Fächer,
die etwa ~~alle~~ gleich hoch sind,~~ ich habe es aller-~~

dings nicht extra ausgemessen. Vier der insgesamt sieben Regalböden lassen sich versetzen, da sie auf jeweils vier solchen beweglichen Stiften aufliegen. Das finde ich echt praktisch. Der obere und der untere Regalboden sind mit den Seitenteilen zu einem Rahmen verschraubt. Auch der mittlere Regalboden ist festgeschraubt, bestimmt damit das Regal standfest ist. Mit einem Sechskantschlüssel kann es komplett zerlegt werden. Wenn es wenigstens weiß wäre!

ÜBUNG 6 S. 40
1. Der Kotflügel ist stark beschädigt.
2. Die Tischplatte biegt sich deutlich durch.
3. Der Mann macht einen ungepflegten Eindruck.
4. Die Gabel hat vier Zinken.
5. Das untere Fach dient als Ablage für Schreibmaterial.

ÜBUNG 7 S. 40
Lösungsvorschlag:
1. Die Digitalkamera wird mit Zubehör ausgeliefert, das aus einem Akku, einem Ladegerät und einem USB-Kabel besteht.
2. Zum Aufnehmen von Bildern wird eine Speicherkarte benötigt, die nicht im Set enthalten ist.
3. Vor dem ersten Gebrauch muss der Akku aufgeladen werden, wofür er in das Ladegerät eingesetzt wird.

ÜBUNG 8 S. 41
1. Die Bratpfanne ist schwarz und hat einen Durchmesser von 26 cm.
2. Die ausgewaschene, blaue Jeans hat in Höhe des rechten Knies ein Loch.
3. Der höhenverstellbare Schreibtischstuhl ist mit einem grünen Stoff bezogen und hat fünf Rollen.

ÜBUNG 9 S. 41
Lenas Beschreibung enthält Wortwiederholungen und monotone Satzanfänge.
Verbesserungsvorschlag:
Im Folgenden beschreibe ich eine Armbanduhr für Kinder. Die Uhr hat ein silberfarbenes Metallgehäuse mit einem Durchmesser von etwa 2 cm. Das Ziffernblatt ist hell und durch 12 Striche mit Ziffern unterteilt, an denen die Uhrzeit abgelesen werden kann. Die zwei spitz zulaufenden Zeiger dienen der Angabe von

Stunden und Minuten. Durch ein seitlich angebrachtes Rädchen kann die Uhr gestellt werden. Betrieben wird sie mit einer Batterie. Das schmale Lederarmband ist hellblau.

ÜBUNG 10 S. 43
1. Satz b) ist der beste, weil der Gegenstand genau benannt wird.
2. Satz c) ist der beste, weil die Inlineskates genauer beschrieben werden.

ÜBUNG 11 S. 43
Lösungsvorschlag:
Haus, blaue Tür, Eingang, 3 Fenster: 2 kleine Fenster unten und 1 großes Fenster oben, graues Dach, Giebel dreieckig
Streichholzschachtel, Abbildung Streichholz, 3 Sterne, violett, geöffnet, halb gefüllt, rote Zündköpfe, an der Seite schwarze Reibefläche

ÜBUNG 12 S. 44
Instrument: Julian beschreibt **ein Klavier.**
Nicht unterstrichen sein dürfen:
Hocker verstellbar – leicht verstaubt – Geschenk von Oma – in Bayreuth gebaut – Klavierstimmer anrufen – keine Kratzer – passend zum Sofa – Klavierunterricht

ÜBUNG 13 S. 44
Gegenstand: Klavier
Größe: Höhe 1,38 m, Breite 1,28 m
Farbe und Material: schwarz, Gehäuse aus Holz, glänzender Lack
Form: schlicht
Bestandteile: Klangkörper mit Deckel, Klaviatur mit Deckel, zwei Pedale, 88 Tasten: 52 weiße Tasten und 36 schwarze Tasten, Notenhalter
Besonderheiten: neu, goldfarbene Beschläge, Schriftzug: Steingraeber

ÜBUNG 14 S. 45
Telefon – öffentliche Telefonkabine – drei Teile: Gehäuse, Hörer, Kabel – Hörer ist eingehängt – rot – rechteckig – groß – ein Schlitz für Telefonkarte, zwei Schlitze für Münzen – rechteckiges Tastenfeld mit zwölf Tasten – schmales Display (Anzeigefeld) – Schild: Telefonnummer

ÜBUNG 15 S. 45
Auf dem Bild ist ein **Telefon** dargestellt. Es handelt sich um einen **öffentlich** zugänglichen Apparat.
Er besteht aus **drei** Teilen: einem **rechteckigen**

LÖSUNGEN

roten Gehäuse, einem ebenfalls **roten** Telefonhörer, der an der **rechten** Seite eingehängt ist,
und einem dünnen **schwarzen Kabel,** mit dem
der Hörer angeschlossen ist.
Drei Öffnungen befinden sich am Gehäuse:
links oben sind **zwei** kleine **Schlitze** für **Münzen**
und darunter ist ein etwas **breiterer Schlitz** für
Telefonkarten.
Rechts oben dient ein **schmales** Display als
Anzeigefeld. **Unterhalb** davon befindet sich ein
großes, **rechteckiges** Bedienfeld, das aus **zwölf
Tasten** besteht.
Am **unteren** Rand des Gehäuses ist ein **Schild**
mit der Rufnummer 5294113 befestigt.
Dieser Apparat könnte aus einer Telefonzelle in
Großbritannien stammen.

ÜBUNG 16 S. 46
Die Sätze stehen in folgender Reihenfolge:
5, 8, 6, 3, 9, 1, 7, 4, 2

ÜBUNG 17 S. 46
Lösungsvorschlag:

Oberbegriff	Eigenschaften / Besonderheiten
Füller	blau, glänzend
Material	Kunststoff und Metall
Bestandteile	Feder, Schaft, Kappe
Schaft	Kunststoff, blau, zweiteilig, vorderes Teil mit Griffmulden, hinteres Teil mit ovalen Sichtfenstern, dazwischen schmaler schwarzer Ring, kann aufgeschraubt werden
Kappe	Kunststoff, blau, mit silberfarbenem Metallbügel
Feder	Metall, silberfarben, mit eingravierter Beschriftung

ÜBUNG 18 S. 47
Dein Aufsatz könnte beispielsweise so beginnen:
Im Folgenden beschreibe ich meinen Füller.
Er besteht aus drei Teilen, nämlich einem Schaft,
einer Feder und einer Kappe.
Der Schaft ist aus blauem, glänzendem Kunststoff gefertigt. Am vorderen Teil befinden sich
drei Griffmulden ...

ÜBUNG 19 S. 47
Die Fachbegriffe lauten:
Mund → **Maul**   Nasenbereich → **Schnauze**
Lippen → **Lefzen**   Haare → **Fell**
Füße → **Pfoten**   Hinterbeine → **Hinterläufe**
Vorderbeine → **Vorderläufe**
Schwanz → **Rute**

ÜBUNG 20 S. 47
Es ist ein **Meerschweinchen.**
Lösungsvorschlag:
Mein Haustier ist ein Nagetier. Es ist etwa 25 cm
lang und wiegt 1 kg. Die Beine sind sehr kurz
und der Körper ist gedrungen. Das Tier hat keinen Schwanz.
Auffallend ist, dass der Rumpf direkt in den
verhältnismäßig großen Kopf übergeht. Es hat
dunkle, runde Augen. Seine ebenfalls runden
Ohren stehen ab.
Das weiche Fell ist kurz und zweifarbig. An der
Unterseite, in der Rumpfmitte und in einem
Streifen von der Schnauze über die Stirn bis
hin zum Rücken ist es schneeweiß. Die Ohren
und das Hinterteil mit den Hinterläufen sind
rotbraun. Die Haut scheint an den nur schwach
behaarten Körperstellen an der Schnauze, im
Ohr und an den Pfoten rosafarben durch.
Möglicherweise sind Meerschweinchen wegen
ihrer knopfartigen Augen als Haustiere so
beliebt.

ÜBUNG 21 S. 49
Haare: ~~rutschig~~
Augen: ~~schlank~~
Nase: ~~unmöglich~~
Mund: ~~frech – intelligent~~
Ohren: ~~alt – eckig – krumm~~
Hals: ~~fett – wellig~~

ÜBUNG 22 S. 49
Lösungsvorschlag:
Schultern: schmal, breit, kräftig, durchtrainiert,
zierlich, gerade, abfallend
Arme: dick, dünn, lang, kurz, muskulös, kräftig,
zierlich
Bauch: dick, dünn, schlank, rund, groß, hängend,
durchtrainiert
Beine: muskulös, dick, dünn, lang, kurz, gerade,
o-beinig, x-beinig

ÜBUNG 23 S. 49
☺ 1., 2., 4., 7.   ☹ 3., 5., 6.

ÜBUNG 24 S. 50
Mädchen, 1 Jahr, blond, kurzes Haar, langärmeliges, grau-weiß geringeltes Shirt, rosafarbene
Latzhose, weiße Schuhe

ÜBUNG 25 S. 50
Bei dem vermissten Kind handelt es sich um
ein einjähriges Mädchen mit blondem, kurzem

LÖSUNGEN

Haar. Es trägt ein langärmeliges, grau-weiß geringeltes Shirt, eine rosafarbene Latzhose und weiße Schuhe.

ÜBUNG 26 S. 51

Paula: Situation fehlt ganz
Marvin: Geschlecht fehlt, Situation teilweise
Anna: Größe fehlt, Situation teilweise
Verbesserungsvorschlag:
Die Frau auf dem Foto ist 32 Jahre alt und 1,70 Meter groß. Sie beugt sich etwas vor und hält ein vor ihr stehendes Baby an beiden Händen.

ÜBUNG 27 S. 51

Kopf: dunkelbraune, lange, glatte Haare, Zopf; ovales Gesicht; leicht gebräunte Haut; lange, gerade Nase
Körper: normaler Körperbau
Kleidung: moderne Freizeitkleidung; Poloshirt: langärmelig, weiß mit breiten rosafarbenen Streifen, Kragen und Knopfleiste weiß; lange blaue Jeans: oben eng, unten etwas weiter, teilweise ausgewaschen; rosafarbener Gürtel; offene rosafarbene Sommerschuhe

ÜBUNG 28 S. 51

Durch ihr Lächeln macht sie einen freundlichen und zufriedenen Eindruck.
Möglicherweise ist sie die Mutter des Babys.

ÜBUNG 29 S. 51

Lösungsvorschlag für den Hauptteil:
Sie hat dunkelbraune, lange und glatte Haare, die zu einem Zopf gebunden sind. Die Haut ihres ovalen Gesichts ist leicht gebräunt. Auffallend ist ihre lange, gerade Nase.
Der Körperbau ist normal.
Sie trägt moderne Freizeitkleidung. Diese besteht aus einem langärmeligen weißen Poloshirt mit breiten rosafarbenen Streifen und einer langen blauen Jeans. Sie ist oben schmal geschnitten und wird nach unten etwas weiter. An manchen Stellen ist der Stoff ausgewaschen. Um die Hüfte hat sie einen rosafarbenen Gürtel gebunden. In dem gleichen Farbton sind auch ihre offenen Sommerschuhe gehalten.

ÜBUNG 30 S. 53

1. Fahrkarte kaufen: 1. zum Automaten gehen – 2. Fahrziel eingeben – 3. Geld einwerfen – 4. Restgeld und Fahrkarte entnehmen
2. Handyakku aufladen: 1. Handy ausschalten – 2. Ladekabel anschließen – 3. in Steckdose

stecken – 4. auf Anzeige „komplett geladen" warten – 5. Kabel entfernen
3. Pizza zubereiten: 1. Teig ausrollen – 2. mit Tomatensoße bestreichen – 3. Pizzagewürz darüberstreuen – 4. nach Belieben belegen – 5. geriebenen Käse darauf verteilen – 6. etwa 12 Minuten bei 280 °C backen

ÜBUNG 31 S. 53

anschließend	bevor	danach
daraufhin	nachdem	schließlich
sobald	vorher	während
zuerst	zuletzt	zunächst

ÜBUNG 32 S. 54

Lösungsvorschlag:
Für die Zubereitung von Bratkartoffeln benötigt man Kartoffeln, 20 ml Öl, Pfeffer, Salz und Paprikagewürz.
Zunächst werden die Kartoffeln geschält und in Scheiben geschnitten. Im Anschluss daran erhitzt man 20 ml Öl in einer Pfanne und gibt die Kartoffelscheiben dazu. Bei mittlerer Hitze werden sie goldgelb gebraten und dabei von Zeit zu Zeit gewendet. Zum Schluss kann man sie nach Geschmack mit Salz, Pfeffer und Paprika würzen.

ÜBUNG 33 S. 54

Ich war ~~mit meinem Papa~~ gestern in der Stadtbibliothek. Die Abteilung mit den Kinder- und Jugendbüchern ist im ersten Stock. Zuerst habe ich mir drei ~~tolle~~ Bücher ausgesucht. ~~Ich hätte am liebsten sofort losgelesen!~~ Dann bin ich ~~mit meinem Papa~~ zum Informationsschalter gegangen, um mir einen Ausleihausweis zu besorgen. Eine ~~supernette~~ Frau hat mir dann einen kostenlosen Büchereiausweis ausgestellt. Damit sind wir dann ins Erdgeschoss zum Ausleihschalter gegangen. Dann hat eine ~~andere~~ Frau~~, die auch sehr freundlich war,~~ meinen ~~nagelneuen~~ Ausweis und die Bücher gescannt. Dann habe ich meinen Ausweis und die Bücher ~~in meine Tasche gesteckt und freundlich zurückgelächelt~~ eingepackt. ~~Zu guter Letzt~~ Schließlich habe ich einen Ausleihzettel bekommen, auf dem die sogenannte Leihfrist steht, also bis wann ich die Bücher spätestens wieder zurückgeben muss. ~~Draußen hat es geregnet.~~

ÜBUNG 34 S. 55

2. die Abteilung Kinder- und Jugendbuch im 1. Stock aufsuchen

89

3. Bücher auswählen
4. zum Informationsschalter gehen
5. sich einen kostenlosen Ausleihausweis aus-stellen lassen
6. zum Ausleihschalter im Erdgeschoss gehen
7. Ausweis und Bücher einscannen lassen
8. Ausweis und Bücher einpacken
9. Ausleihzettel mit der Leihfrist entgegen-nehmen

ÜBUNG 35 S. 55
Pauls Wortwahl ist eintönig (zu oft „dann").

ÜBUNG 36 S. 55
Der 3. Satz ist der beste. Die anderen Sätze sind ungeeignet, da es weder viele Schritte (1.) sind noch darum geht, wie man sich verhält (2.).

ÜBUNG 37 S. 55
Beispiele: kostenloses Lesevergnügen, immer ausreichend Lesestoff usw.

ÜBUNG 38 S. 55
Lösungsvorschlag:
Was muss man tun, wenn man sich ein Buch ausleihen möchte?
Zuerst geht man in die Stadtbibliothek und sucht die Abteilung Kinder- und Jugendbuch im 1. Stock auf. Nachdem man ein oder mehrere Bücher ausgewählt hat, wendet man sich an den Informationsschalter. Dort lässt man sich einen kostenlosen Ausleihausweis ausstellen. Anschließend geht man zum Ausleihschalter, der sich im Erdgeschoss befindet. Hier werden der Ausweis und die Bücher, die man ausleihen möchte, eingescannt. Danach packt man Ausweis und Bücher ein und erhält abschließend einen Ausleihzettel. Darauf ist der späteste Rückgabetermin angegeben, die sogenannte Leihfrist.
Auf diese Weise hat man zu Hause immer genug Stoff zum Lesen.

ÜBUNG 39 S. 56
Um von der Schule aus zur **Stadtbibliothek** zu gelangen, gehst du zuerst **die Schulstraße geradeaus bis zum Ende.** Dann biegst du **links ab** in eine Straße, die dich am **Fluss(ufer)** entlang-führt. Du bleibst auf dieser Straße, bis du nach etwa 100 Metern **an eine Brücke kommst.** Hier **überquerst du den Fluss** und hältst dich von nun an immer **geradeaus.** Die Entfernung beträgt noch ungefähr 400 Meter. Dabei führt dich dein

Weg zunächst **am Rathaus** vorbei, das **links von dir** liegt. Danach triffst du auf die **Parkstraße** und erreichst auf der anderen Straßenseite **den Stadtpark.** Du folgst **dem Fußweg** durch den Park und kommst bei der **Theaterstraße** wieder heraus. **Auf der gegenüberliegenden Seite / Direkt gegenüber** befindet sich der Eingang der Bibliothek. Beim **Überqueren** der Straße musst du vorsichtig sein, da sie stark befahren ist.

ÜBUNG 40 S. 56
gelangen zu, gehen, abbiegen, (entlangführen), bleiben auf, kommen, überqueren, sich (gera-deaus) halten, (vorbeiführen), treffen auf, errei-chen, folgen, herauskommen
Weitere Verben sind z. B.: laufen, fahren, durch-queren, einbiegen, ankommen

ÜBUNG 41 S. 57
Ob dein Text vollständig ist, kannst du selbst überprüfen: Versuche, genau nach dieser Weg-beschreibung zur Schule zu gelangen.

ÜBUNG 42 S. 57
Lösungsvorschlag:
Die Karten dieses Spiels sind mit einer Zahl und einer Farbe bedruckt. Zusätzlich gibt es vier ver-schiedene Sonderkarten: die Zieh-zwei-Karten mit dem Aufdruck „+ 2", die Aussetzen-Karten mit dem durchgestrichenen Kreis, die Rich-tungswechsel-Karten mit dem Pfeilsymbol und die schwarzen Farbwunsch-Karten, auf denen alle vier Farben zu sehen sind.
Zu Beginn des Spiels werden die Karten gut gemischt. Jeder Spieler erhält sieben Karten, die verdeckt ausgeteilt werden. Eine Karte kommt aufgedeckt in die Mitte, der Stapel mit den rest-lichen Karten zugedeckt daneben.
Die Spieler legen nun nacheinander jeweils eine Karte ab. Diese muss entweder in der Farbe oder in der Zahl mit der oberen offen liegenden Karte übereinstimmen. Die Farbwunsch-Karte ist die einzige Karte, die immer passt. Kann ein Spieler keine passende Karte ablegen, zieht er eine neue vom Stapel.
Sobald ein Spieler nur noch eine Karte auf der Hand hat, muss er „Uno!" rufen. Vergisst er dies, muss er eine Strafkarte ziehen.
Der erste Spieler, der alle seine Karten abgelegt hat, ist der Gewinner.

Thementests

AUFGABE 1   S. 58
Lösungsvorschlag:
Bett: aus Holz, 2 m lang, 90 cm breit, 40 cm hoch
Wecker: aus Kunststoff, rechteckig, silberfarben, digitale Anzeige
Schultasche: aus geriffeltem Stoff, blau, zwei Seitentaschen, schwarze Trageriemen

AUFGABE 2   S. 58
1. Ein reguläres Fußballfeld ist 105 m lang und 75 m breit.
2. Die Armbanduhr besitzt eine Anzeige für das Datum und den Wochentag.
3. Die Bedienung des MP3-Players erfolgt über das Tastenfeld und den Lautstärkeregler.

AUFGABE 3   S. 58
Lösungsvorschlag:
Bei dem Gegenstand, den ich beschreibe, handelt es sich um eine Kindertrommel.
Der Klangkörper besteht aus farbigem Blech und hat die Form eines Zylinders. Seine Höhe beträgt 18 cm und der Durchmesser 24 cm. Das Instrument ist auf den Schlagflächen oben und unten in einem kräftigen Gelb gehalten. Die feuerrote Seitenfläche wird von einem Muster aus großen, spitzen gelben und roten Dreiecken gesäumt, die von einer dunkelblauen Linie umrahmt sind. Mit zwei Schlagstöcken (Schlägeln) aus hellem Holz kann die Trommel gespielt werden.
Dieses Instrument eignet sich ausschließlich für Kleinkinder.

AUFGABE 4   S. 59
Vgl. Aufgabe 5.

AUFGABE 5   S. 59
Größe: ca. 65 cm lang, mit Schwanz etwa 1 m
Gewicht: ca. 6 kg
Körper: schlank; lange, buschige Rute
Kopf: klein, dreieckig; Schnauze schmal, spitz; Nase schwarz; Augen schmal; Ohren groß, dreieckig, oben abgerundet
Fell: kurz, an Rute lang
Farbe: auffällige Zeichnung: Unterseite von Schnauze bis Hinterteil weiß-grau, Oberseite rotbraun; Fell am Kopf und im Schulterbereich heller, am Rücken und an den Läufen dunkler meliert

AUFGABE 6   S. 59
Prüfe, ob du den Rotfuchs sachlich und mit den entsprechenden Fachbegriffen beschrieben hast. Dein Text könnte folgendermaßen beginnen:
Das Foto zeigt einen Rotfuchs im Schnee ...
Als abrundender Schluss eignet sich beispielsweise die Vermutung über einen ausgeprägten Hörsinn, da die Ohren verhältnismäßig groß sind; auch ein Hinweis auf die Ähnlichkeit mit einem Hund wäre möglich (Wildhund).

AUFGABE 7   S. 60
Um Nussmuffins zu backen, braucht man als Zutaten 100 ml Milch, 100 g Mehl, 80 g gemahlene Nüsse, 30 g Schokoflocken, 2 Teelöffel Backpulver, 100 g weiche Butter, 100 g Puderzucker, 1 Ei und ein wenig Öl für die Form. Als Hilfsmittel sind eine Rührschüssel, ein elektrisches Handrührgerät und eine Muffinform mit 12 Vertiefungen erforderlich.
Zuerst mischt man das Mehl mit den gemahlenen Nüssen, den Schokoflocken und dem Backpulver. In der Rührschüssel wird nun die Butter mit dem Puderzucker und dem Ei cremig geschlagen. Als Nächstes rührt man die Milch in das Fettgemisch ein, danach zügig die Mehlmischung. Man muss dabei aufpassen, dass man den Teig nicht zu lange rührt, weil die Muffins sonst klebrig werden.
Der Backofen wird inzwischen auf 175 Grad vorgeheizt und die Vertiefungen der Muffinform werden eingeölt. Dann füllt man den Teig gleichmäßig hinein und schiebt die Form in den Backofen.
Nach etwa 25 Minuten Backzeit werden die Muffins wieder aus dem Ofen geholt. Vorsichtig löst man sie aus der Form und legt sie zum Abkühlen auf ein Gitter.
Abschließend kann das Gebäck nach Belieben verziert werden.

3   Berichten

ÜBUNG 1   S. 62
klar, knapp, unpersönlich, sachlich, genau, nüchtern, straff, objektiv

ÜBUNG 2   S. 62
~~noch ziemlich kleiner~~ → vierjähriger
~~vor ein paar Tagen~~ → am vergangenen Samstag

~~irgendeiner kanarischen Ferieninsel~~ → der Insel
Teneriffa
~~irgendwie~~ → mit einem Bananentransporter
~~Gruppe~~ → Reisegruppe
~~uniformierten Männern~~ → Grenzbeamten und
der Passkontrolle
~~irgendwo~~ → auf der Toilette
~~eine lange, lange Zeit~~ → zwei Stunden
~~der nordrhein-westfälischen Stadt~~ → in Düssel-
dorf
~~irgendwelchen Beamten~~ → deutschen Grenz-
schutzbeamten
~~Frau~~ → Kinderpsychologin

ÜBUNG 3   S. 63

Während die Klasse 6b in der Turnhalle auf
ihren ~~bereits etwas älteren~~ Sportlehrer wartete,
wollte der Schüler Kevin X., ~~wie schon so oft~~,
seine Klassenkameraden ~~mit einem Kunststück~~
beeindrucken. Er nahm ~~ordentlich~~ Anlauf und
steuerte auf die ~~am Vortag frisch gestriche-~~
~~ne~~ Wand zu. Mittels eines ~~äußerst~~ gewagten
Sprungs wollte er sich offenbar mit den Füßen
an der Wand abstoßen, prallte jedoch stattdessen frontal ~~und mit voller Wucht~~ dagegen.
~~Autsch!~~ Der 12-Jährige wurde von den ~~eilig~~ herbeigerufenen Sanitätern ins Krankenhaus eingeliefert, wo eine ~~schmerzhafte~~ Rippenprellung
festgestellt wurde.

ÜBUNG 4   S. 63

1. Mittagspause am Flussufer, hört Jungen um
Hilfe rufen
2. eilt zum Jungen, sieht Kind im Wasser, springt
in eiskalten Fluss
3. packt Mädchen, bringt es ans Ufer

ÜBUNG 5   S. 64

1. Mädchen vor dem Ertrinken gerettet
2. sechsjähriges Mädchen, elfjähriger Bruder,
27-jähriger Paketdienstfahrer Martin B.
3. in Coburg, am Ufer der Itz
4. gestern, am frühen Nachmittag
5. Mädchen fiel beim Spielen in den Fluss, Martin B. hörte Hilferufe des Bruders, eilte herbei,
sprang ins Wasser, zog Mädchen heraus
6. Fluss nur teilweise zugefroren, Mädchen
betrat trotz Warnung des Bruders das Eis,
rutschte aus
7. Unterkühlung, Einlieferung ins Krankenhaus,
Folgen bald überstanden

ÜBUNG 6   S. 65

Wer?	– Vater, vierjähriger Sohn, Mann (keine Namen)
Was?	– Banküberfall verhindert
Wann?	– am vergangenen Freitag
Wo?	– keine Angaben
Wie?	– Kind umgestoßen, Vater sucht Mann, entdeckt Überfall, ruft Polizei
Warum?	– keine Angaben
Welche Folgen?	keine Angaben

ÜBUNG 7   S. 65

1. ... überhöhter Geschwindigkeit.
2. ... die Bremsen versagten.
3. ... den vorgeschriebenen Sicherheitsabstand
nicht eingehalten hatte.
4. ... verlor die Kontrolle / geriet ins Schleudern.
5. ... übersah / missachtete das Stoppschild.
6. ... riss sich los und wurde vom Bus erfasst /
überfahren / gestreift.
7. ... in einer unübersichtlichen Kurve überholen.

ÜBUNG 8   S. 67

Die Wörter lauten in dieser Reihenfolge:
Zuerst – Daraufhin – Bevor – Dann – Nachdem – Nächster – danach – zuletzt – anschließend – Während – Endlich – Als – Danach –
Abschließend

ÜBUNG 9   S. 67

Einleitung: 2., 4., 7., 8.
Hauptteil: 1., 3., 5.
Schluss: 6.

ÜBUNG 10   S. 68

Der 2. Einleitungssatz ist der beste, weil er alle
Informationen zu den Fragen **Was?, Wer?, Wann?**
und **Wo?** (= Ereigniskern) enthält.
In den anderen Sätzen fehlen Angaben, wobei
im 1. Satz zudem das Tempus nicht stimmt (Präsens statt Präteritum).

ÜBUNG 11   S. 68

1. Durch ein Erdbeben wurden in Panama am
Mittwoch über 100 Menschen verletzt.
2. Am Montagmorgen führte die Polizei vor
unserer Schule eine Fahrradkontrolle durch.

ÜBUNG 12 S. 68

Der **zwölfjährige** Lennart F. hatte es offenbar besonders eilig gehabt, **von der Schule** nach Hause zu kommen. Gegen **13.20 Uhr** raste er **mit seinem Fahrrad** die abschüssige **Waldstraße** hinunter. Als er in **einer Kurve** abbremsen wollte, **blockierte** das Vorderrad. Der Junge **geriet ins Schleudern** und prallte **gegen einen Baum,** wo er benommen liegen blieb.

ÜBUNG 13 S. 69

Ein Schüler verletzte sich gestern bei einem Fahrradunfall in Dollberg so schwer, dass er mit einem Rettungshubschrauber ins Krankenhaus geflogen werden musste.

ÜBUNG 14 S. 69

Ein Autofahrer, der den Unfall beobachtet hatte, rief über sein Handy einen Rettungswagen herbei. Der Notarzt stellte fest, dass sich der Junge den linken Oberschenkel und ein Handgelenk gebrochen hatte. Daraufhin wurde der Verletzte mit einem Rettungshubschrauber ins Dollberger Krankenhaus gebracht.

ÜBUNG 15 S. 70

Wer? – Tausende Jugendliche, Teenieband „Bissige Biester"
Was? – Konzert, schnell gute Stimmung, hellauf begeisterte Zuhörer
Wie? – mit ihren Hits und Tanzeinlagen, über zwei Stunden
Warum? – Feier des fünfjährigen Bestehens der Band
Welche Folgen? – fantastische Stimmung, auch nach dem Konzert
Wann? – z. B. am Freitagabend
Wo? – z. B. in der Windinger Stadthalle

ÜBUNG 16 S. 70

Tausende jugendliche Zuhörer waren am Freitagabend hellauf begeistert vom Konzert der „Bissigen Biester" in der Windinger Stadthalle. Die Teenieband feierte mit diesem Auftritt ihr fünfjähriges Bestehen und es gelang ihr sehr schnell, die Stimmung mit ihren Hits und Tanzeinlagen anzuheizen.
Auch als das Konzert nach über zwei Stunden zu Ende ging, war die Stimmung noch fantastisch.

ÜBUNG 17 S. 70
Lösungsvorschlag:
Am letzten Wochenende unternahm ich mit meinen Eltern eine Wanderung zum Kaltensee.
Zuerst fuhren wir mit dem Auto nach Kleindorf. Von dort ging es zu Fuß weiter auf dem markierten Wanderweg zum Kaltensee. Als sich bald der Weg gabelte, fanden wir keine Markierung mehr und wussten nicht, welchen Weg wir wählen sollten. Schließlich bogen wir rechts ab und gelangten auf eine Forststraße. Danach kamen wir durch ein Birkenwäldchen, wo der Weg erst immer schmaler wurde und dann einfach aufhörte. Mein Vater wollte umkehren, doch ich überredete ihn, durchs Gebüsch weiterzugehen. Schon nach 50 Metern stießen wir wieder auf einen Weg, der an einem Bach entlangführte. Auf diesem wanderten wir weiter und erreichten 30 Minuten später den Kaltensee.
Nach einer ausgiebigen Rast traten wir wieder unseren Rückweg an.

ÜBUNG 18 S. 71
Einleitung: Schulsportfest der Keplerschule – gestern – Sieg der Mädchen-Sprintstaffel von Anna Paffke, Lena Beyer, Tabea Groß und Lisa Hoffmann
Hauptteil: bei schlechtem Wetter – die erst 13-jährige Startläuferin Lisa Hoffmann jüngste Teilnehmerin – Rückstand von fünf Metern – zweite Läuferin Tabea Groß holte auf – danach Lena Beyer gut in Form – Schlussläuferin Anna Paffke mit hervorragender Leistung – Mädchen stellten neue Bestzeit auf: 54,46 Sekunden – Schulleiter Herr Fritz überreichte Urkunden und Medaillen
Schluss: gute Erfolgschancen bei den Stadtmeisterschaften

Dein Bericht könnte z. B. so beginnen:
Beim Schulsportfest der Keplerschule errang die Mädchen-Sprintstaffel von Anna Paffke, Lena Beyer, Tabea Groß und Lisa Hoffmann einen überzeugenden Erfolg. Bei schlechtem Wetter hatte die mit dreizehn Jahren jüngste Teilnehmerin Lisa Hoffmann das Rennen der siegreichen Staffel begonnen ...

Thementests

AUFGABE 1   S. 72

Abschiedskonzert der „Route 55"	Diebe erbeuteten Smartphones
rund 5000 begeisterte Jugendliche	am Samstag gegen 22.40 Uhr
Boygroup „Route 55"	eine 25-jährige Frau und ihr 18-jähriger Komplize
am Samstagabend	über den Hintereingang in der Schillerstraße
Höhepunkt der Stimmung bei ihrem Riesenhit „Without You"	kein Bargeld in den Kassen
Traurigkeit vor allem bei den vielen weiblichen Fans	Einbruch in ein Elektrofachgeschäft
zur Neueröffnung des völlig umgebauten Ufer-Palastes	50 wertvolle Smartphones erbeutet
letztes Konzert vor Auflösung der Band	mit grünem Kombi geflüchtet
alle eigenen Hits sowie mehrere Coversongs	alle Kassen aufgebrochen

AUFGABE 2   S. 72

Lösungsvorschlag für einen Kurzbericht:
Zur Neueröffnung des völlig umgebauten Ufer-Palastes spielte am Samstagabend die Boygroup „Route 55". Rund 5000 Jugendliche gingen begeistert mit, als die Band ihre eigenen Hits und mehrere Coversongs vortrug. Der Höhepunkt der Stimmung war erreicht, als sie ihren Riesenhit „Without You" anstimmten. Gegen Ende des Abends machte sich vor allem bei den vielen weiblichen Fans Traurigkeit breit, da es sich um das letzte Konzert vor Auflösung der Band handelte.

AUFGABE 3   S. 73

Lösungsvorschlag:
1. Eine zwölfjährige Fahrradfahrerin wurde von einem Auto erfasst und schwer verletzt, **weil** sie die Vorfahrt missachtet hatte.
2. **Da** unser Stürmer kurz vor dem Tor unfair gestoppt wurde, bekam unsere Mannschaft einen Strafstoß zugesprochen.

AUFGABE 4   S. 73

Prüfe, ob dein Bericht sachlich geschrieben ist und ob du die Zeitformen richtig verwendet hast. Ist die Anordnung der Informationen sinnvoll? (Vgl. Wissen S. 66)

Abschlusstest

AUFGABE 1   S. 74

Bericht	Beschreibung	Erzählung
Zugunglück	Vogelhaus	Rabe und Fuchs
Information	Information	Unterhaltung
chronologisch	Präsens	spannend
sachlich	sachlich	Höhepunkt
indirekte Rede	Fachausdrücke	Gedanken

AUFGABE 2   S. 74

1. Wir rannten, als wären wir auf der Flucht.
2. Die Sonne brannte unerbittlich auf uns herab.
3. Vor lauter Angst konnte ich mich kaum rühren.
4. Der Sturm tobte wie ein wild gewordenes Tier.

AUFGABE 3   S. 75

1. ... konnte unerkannt entkommen.
2. Nach der Überschwemmung waren viele Häuser unbewohnbar.
3. Wir ließen nichts unversucht ...
4. Der Polizist musste die Eltern informieren / benachrichtigen.
5. Sie meldete einen Brand.
6. Die Unfallursache ist noch ungeklärt.

AUFGABE 4 S. 75

Im Übergang zum Hauptteil wird davon berichtet, was vorher geschehen ist. Deshalb muss das Plusquamperfekt verwendet werden:
1. ... hatte keinen Helm aufgesetzt ...
2. Die Täter hatten ... aus den Angeln gehoben und waren ... eingedrungen.

AUFGABE 5 S. 76

Lösungsvorschlag:
1. Das Bild zeigt einen 18-jährigen Schüler beim Skateboardfahren in einer Halfpipe.
2. Auf dem Foto ist ein 37-jähriger Vater zu sehen, der seine 5-jährige Tochter auf den Schultern trägt.

AUFGABE 6 S. 76

Wenn du unsicher bist, ob du alles richtig gemacht hast, schau noch einmal auf den Wissensseiten zu Kap. 1.1 und 1.4 nach.

AUFGABE 7 S. 77

Zur Kontrolle lies noch einmal die Wissensseiten zu Kap. 1.1 und 1.5 durch.

AUFGABE 8 S. 77

1. Freiwilliges Wahlteam aus 2 Schülern leitet die Wahl
2. Wahlteam sammelt Vorschläge für geeignete Kandidaten
3. Vorgeschlagene Schüler fragen, ob sie kandidieren wollen
4. Schüler, die sich zur Wahl stellen, an die Tafel schreiben
5. Jeder schreibt Wunschperson von der Wahlliste auf einen Wahlzettel
6. Wahlzettel einsammeln
7. Wahlteam zählt die Stimmen aus

8. Wahlteam gibt Ergebnis bekannt
9. Bei Stimmengleichstand Stichwahl durchführen
10. Klassensprecher ist der Kandidat mit den meisten Stimmen
11. Kandidat mit zweitbestem Ergebnis ist Stellvertreter
12. Gewählte Schülervertreter nehmen die Wahl an

AUFGABE 9 S. 78/79

Lösungsvorschlag:
Jugendgästehaus
gegen 5.30 Uhr
Zimmer der Schülerinnen
vermummte Person drang ein
ging auf die Schränke zu
Größe etwa 1,80 m
rot-schwarz gestreifte Mütze
schwarze kurze Daunenjacke
Schülerin Mia erschrak und schrie
Person floh
lief durch Treppenhaus nach unten
nichts gestohlen

AUFGABE 10 S. 79

Lösungsvorschlag:
Heute Morgen gegen 5.30 Uhr kam es hier im Jugendgästehaus zu einem Zwischenfall. Eine vermummte Person betrat das Zimmer meiner Schülerinnen und ging auf die Schränke zu. Die Person war etwa 1,80 m groß, sie trug eine rot-schwarz gestreifte Mütze und eine schwarze kurze Daunenjacke.
Eine Schülerin erschrak so sehr, dass sie laut schrie. Daraufhin lief der Eindringling, ohne etwas gestohlen zu haben, aus dem Zimmer und durch das Treppenhaus nach unten.

LÖSUNGEN

Stichwortfinder

Bildquellen:
MEV Verlag, Augsburg: S. 47, 50, 58, 76
© Dirk Heckmann, Fotolia.com: S. 59

STICHWORTFINDER